작심3일 10번으로 베트남어 끝내기

하루 세끼는
잘만 먹으면서
삼일 마음 못 먹어?

와구
와구

랭기지플러스

 왜 작심삼일인가?

세상에 계획을 안 세우거나 못 세우는 사람은 없다.

올 여름엔 다이어트를 해야지, 베트남어를 꼭 마스터해야지,

올해엔 책 좀 많이 읽어야지….

이번에는 꼭 해야지! 이번만큼은 기필코 해야지!

다짐하고 또 다짐하지만 마음먹은 일을 끝까지 해내는

사람은 정작 드물다.

오죽하면 작심삼일이라는 사자성어까지 있지 않은가.

나는 왜 3일을 넘기지 못하는지 자책도 해 보지만

작심삼일이면 또 어떤가?

비록 3일 만에 끝나는 작심이라도

아예 시작도 안 하는 것보다는 훨씬 낫지 않은가?

우선 3일, 일단 시작이라도 해 보자.

> **작심 1단계** 작심삼일이라도 좋다. 일단 작심하자.
>
> **작심 2단계** 딱 3일만 목표에 집중하고 그다음은 쉬자.
>
> **작심 3단계** 딱 10번만 작심하자.

딱 3일씩 10번만 작심해 보자.

언젠가 포기했던 베트남어 끝내기의 길이 열리도록.

머리말

　오랫동안 저와 함께 베트남어를 수업한 학습자 분들의 의견 중 하나는 '베트남어, 배우고 보니 문법은 쉬워요.'였습니다. 맞습니다! 사실 베트남어는 문법이 비교적 쉬운 언어입니다. 비록 한국어 어순과 반대이기는 하지만 고립어라는 특성으로 어형 변화가 없기 때문에 처음 베트남어를 접하는 학습자의 부담감을 줄여 주는 희소식이 아닐 수가 없죠.

하지만 어떤 언어든 간에 '문법'이라는 것이 처음에 무겁게 접근하면 한 없이 어렵게만 느껴질 수밖에 없는 영역입니다. 처음 베트남어를 접하는 학습자가 더 이상 문법 때문에 고민하지 않고, 가장 쉽고 재밌게 배우기를 소망하는 마음으로 이 책을 집필하게 되었습니다.

베트남어 기초 문법에 필요한 모든 것을 압축해서 담아냈고 처음 베트남어를 접하는 학습자라도 이해하기가 쉽도록 유용한 예문과 함께 구성했기 때문에 단기간 내에 베트남어 기초 문법 마스터가 가능할 것입니다.

이 책이 베트남어 공부를 처음 시작하시는 모든 분들에게 도움이 되고, 또 이를 계기로 여러분이 베트남어에 흥미를 느끼어 베트남어와 오랜 인연을 맺게 되기를 진심으로 기원합니다.

저자 김효정

이 책의 구성과 특징

베트남어 학습을 시작하기로 마음먹은 여러분, 반갑습니다! 이 책은 베트남어를 하나도 모르는 분들도 자신 있게 시작할 수 있도록 필수 내용만 쉽게 설명했어요! 베트남어 문법은 사실 복잡한 편이 아니에요. 다른 언어에 비해 좀 쉬운 편이라고도 할 수 있어요. 첫 번째 작심삼일부터 열 번째 작심삼일까지, 딱 열 번만 마음먹고 시작하면 어느새 베트남어 기초 문법을 완벽하게 끝낼 수 있을 거예요. 여러분의 좀 더 효과적인 학습을 위해 저자의 동영상 강의와 원어민의 음성 파일도 제공해요. 특히 성조가 어려운 베트남어의 완벽한 학습을 위해 원어민 음성 파일을 많이 듣고 따라 말해 보는 것 잊지 마세요! 그럼 베트남어를 본격적으로 학습해 볼까요!

✘ 베트남어를 공부하기 전에 알고 넘어가야 할 네 가지!

베트남어 알파벳, 성조, 인칭, 숫자 등 베트남어 학습을 시작하기에 앞서 꼭 알아야 할 내용을 압축하여 담았습니다.

★ sisabooks.com에 들어가시면 무료로 음성 강의를 들으실 수 있습니다.
sisabooks.com 접속 → '랭기지플러스' 클릭 후 로그인 → 상단의 'MP3도서' 클릭
→ 도서 목록에서 '작심3일 10번으로 베트남어 끝내기' 클릭

✷ 핵심 문법

핵심 문법의 설명을 읽어 보고 문법이
어떻게 적용되는지 예문을 살펴봐요!

✷ 실생활 문장 익히기

'핵심 문법'에서 배운 문법이 적용된
문장을 좀 더 익혀 봐요.

원어민의 생생 발음이
궁금하다면 QR 코드를
찍어 들어보세요!

✷ 확인 문제

앞서 배운 문법과 예문을 이해했는지
문제를 풀면서 확인해 봐요!

✷ 작심 회화

내가 배운 문법과 예문을 회화에 어떻게
적용하는지 확인할 수 있어요!

목차

베트남어를 공부하기 전에 알고 넘어가야 할 네 가지!	1	베트남어 알파벳	11
	2	성조	15
	3	인칭	16
	4	숫자	18

첫 번째 작심삼일

명사 표현

Day 1	명사 어순	22
Day 2	명사 = 명사	26
Day 3	명사의 존재 표현	30

두 번째 작심삼일

형용사 쓰임

Day 1	명사 수식	38
Day 2	지시/수량 형용사	42
Day 3	술어 역할	46

세 번째 작심삼일

동사 문형

Day 1	긍정문	54
Day 2	부정문	58
Day 3	의문문	62

네 번째 작심삼일

시제

Day 1	과거 시제	70
Day 2	현재 진행 시제	74
Day 3	미래 시제	78

다섯 번째 작심삼일	**조동사**		
	Day 1	바람	86
	Day 2	의무	90
	Day 3	가능	94

여섯 번째 작심삼일	**전치사**		
	Day 1	장소	102
	Day 2	시간	106
	Day 3	여러 가지 전치사	110

일곱 번째 작심삼일	**접속사, 조사**		
	Day 1	순접/인과 접속사	118
	Day 2	역접 접속사	122
	Day 3	조사	126

여덟 번째 작심삼일	**부사**		
	Day 1	형용사 강조	134
	Day 2	비교급	138
	Day 3	빈도 부사	142

아홉 번째 작심삼일	**의문사 1**		
	Day 1	무엇, 어느	150
	Day 2	누구	154
	Day 3	어디	158

열 번째 작심삼일	**의문사 2**		
	Day 1	왜, 어때	166
	Day 2	몇, 얼마/얼마 동안	170
	Day 3	언제/~해 본 적 있어?	174

	부록		180
	정답		185

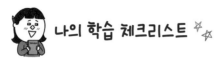

나의 학습 체크리스트

	Day 1	Day 2	Day 3
★ 첫 번째 작심삼일	┈┈┈ ☐ ____ ☐ ____	┈┈┈ ☐ ____ ☐ ____	┈┈┈ ☐ ____ ☐ ____
★ 두 번째 작심삼일	┈┈┈ ☐ ____ ☐ ____	┈┈┈ ☐ ____ ☐ ____	┈┈┈ ☐ ____ ☐ ____
★ 세 번째 작심삼일	┈┈┈ ☐ ____ ☐ ____	┈┈┈ ☐ ____ ☐ ____	┈┈┈ ☐ ____ ☐ ____
★ 네 번째 작심삼일	┈┈┈ ☐ ____ ☐ ____	┈┈┈ ☐ ____ ☐ ____	┈┈┈ ☐ ____ ☐ ____
★ 다섯 번째 작심삼일	┈┈┈ ☐ ____ ☐ ____	┈┈┈ ☐ ____ ☐ ____	┈┈┈ ☐ ____ ☐ ____

예시와 같이 학습한 내용을
간단히 적어 체크리스트를 완성해 보세요.

	Day 1	Day 2	Day 3
★ 여섯 번째 작심삼일	· · · · · · ☐ _____ ☐ _____	· · · · · · ☐ _____ ☐ _____	· · · · · · ☐ _____ ☐ _____
★ 일곱 번째 작심삼일	· · · · · · ☐ _____ ☐ _____	· · · · · · ☐ _____ ☐ _____	· · · · · · ☐ _____ ☐ _____
★ 여덟 번째 작심삼일	· · · · · · ☐ _____ ☐ _____	· · · · · · ☐ _____ ☐ _____	· · · · · · ☐ _____ ☐ _____
★ 아홉 번째 작심삼일	· · · · · · ☐ _____ ☐ _____	· · · · · · ☐ _____ ☐ _____	· · · · · · ☐ _____ ☐ _____
★ 열 번째 작심삼일	· · · · · · ☐ _____ ☐ _____	· · · · · · ☐ _____ ☐ _____	· · · · · · ☐ _____ ☐ _____

베트남어를 공부하기 전에
알고 넘어가야 할
네 가지!

작심삼일
극뽁!

| 베트남어 알파벳 ✩✩

A(a)	H(h)	Q(q)
Ă(ă)	I(i)	R(r)
Â(â)	K(k)	S(s)
B(b)	L(l)	T(t)
C(c)	M(m)	U(u)
D(d)	N(n)	Ư(ư)
Đ(đ)	O(o)	V(v)
E(e)	Ô(ô)	X(x)
Ê(ê)	Ơ(ơ)	Y(y)
G(g)	P(p)	

북남으로 길게 뻗어 있는 지리적 특성으로 인해 베트남은 북부와 남부 사이에 발음 차이가 있어요. 베트남 수도인 하노이 북부 발음 기준으로 이 책을 서술했지만 북부 발음을 배울지라도 남부에서 의사소통을 하는 데 문제가 없답니다!

I) 모음

❶ 단모음

a	ă	â	ê	e	i
(긴) 아	(짧은) 아	(짧은) 어	에	애	(짧은) 이

y	ô	ơ	o	u	ư
(긴) 이	오	(긴) 어	어 + (오)	우	으

★ ê와 ơ는 성대에 힘을 주어 소리 내요.

★ o 앞뒤에 a나 e가 오면 '오'로 발음해요.

❷ 복모음

iê	uyê	uye	ươ	uô	ia	ua	ưa
이에	우이에	우이애	으어	우오	이어	우어	으어

★ ia, ua, ưa는 예외적으로 a를 [어]로 발음해요(북부 발음 기준).

★ 남부에서는 ia, ua, ưa를 각각 [이아], [우아], [으아]로 발음해요.

❶ 첫 자음

b	v	s	x	h	m	n	l
ㅂ	ㅂ(v)	ㅆ		ㅎ	ㅁ	ㄴ	ㄹ

★ v는 영어 v처럼 입술을 살짝 물어 발음해요.

g	gh	ng	ngh	c	k	q	đ
ㄱ		응		ㄲ			ㄷ

★ g, gh, đ는 성대에 힘을 주어 발음해요.
★ q 뒤에는 모음 u만 올 수 있어요 [qua: 꾸어(×) → 꾸아(○)].

r	d	gi	ch	tr
ㅈ (z)	ㅈ (z)	지 (zi)	ㅉ	

t	th	p	ph	kh	nh
ㄸ	ㅌ	ㅃ	ㅍ (f)	ㅋ	니

★ r, d, gi는 혀끝에 마찰을 일으켜 영어 z처럼 발음해요.
★ ph는 영어 f와 같이 입술을 살짝 물어 발음해요.
★ kh는 성대에 힘을 주어 발음해요.

② **끝 자음(받침)**

-m	-n	-p	-t	-ch	-nh
-ㅁ	-ㄴ	-ㅂ	-ㅅ	-익	-잉

-c	-ng
-ㄱ	-ㅇ

★ 받침 c 앞에 '자음 +  o / ô / u '가 오는 경우 입을 다물며 발음해요. (본 교재에서는 발음 표기 시, 입을 다무는 경우에 ㅂ으로 표기)

★ 받침 ng 앞에 '자음 + o / ô / u '가 오는 경우 입을 다물며 발음해요. (본 교재에서는 발음 표기 시, 입을 다무는 경우에 ㅁ으로 표기)

조금만 더
화이팅!!!

2 성조

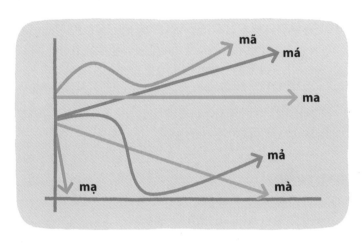

성조 이름	특징	성조 부호	뜻
Thanh không dấu [타잉 콤 저우]	평평한 '솔' 음	ma	귀신
Thanh sắc [타잉 싹]	평평한 음에서 서서히 상승하 는 음	má	볼, 엄마
Thanh huyền [타잉 후이엔]	부드럽고 천천히 하강하는 음	mà	그런데
Thanh hỏi [타잉 허이]	포물선을 그리듯이 아래로 내 렸다가 끝 음을 살짝 올리는 음	mả	무덤
Thanh ngã [타잉 응아]	급격히 하강 후 다시 급격히 상승시키는 음	mã	말
Thanh nặng [타잉 낭]	강하고 급격히 내리 찍는 음	mạ	벼, 모

3 인칭 ✦

베트남어를 배울 때 호칭 표현을 주의해야 해요! 베트남어에서는 '나(영어의 I)', '당신(영어의 You)'의 의미로 쓰이는 주어 표현이 '나'와 '상대방'의 관계에 따라 상황마다 다르게 표현돼요. 공식적인 주어 표현으로 '나'는 tôi, '당신'은 bạn이에요. 그러나 실제 대화를 할 때는 친근감을 표현하기 위하여 아래의 1, 2인칭으로 표현해요. 교재에서도 실제 대화 상황을 반영하여 내용을 구성했어요.

1) 1, 2인칭

ông [옴]	할아버지, 지위가 높은 남성뻘
bà [바]	할머니, 지위가 높은 여성뻘
chú [쭈]	아저씨뻘
cháu [짜우]	조카, 손자, 손녀뻘
anh [아잉]	오빠, 형뻘
chị [찌]	언니, 누나뻘
cô [꼬]	아줌마, 아가씨뻘 / 여자 선생님
thầy [터이]	남자 선생님
em [앰]	동생뻘

★ '안녕' 하고 인사를 할 때에 '나'보다 나이가 많은 오빠(형)뻘에게 말하는 경우는 "Chào anh!"이라고 하지만 '나'보다 나이가 적은 동생에게 말할 때 "Chào em!"이라고 해요.

★ 3인칭(그, 그녀)은 1, 2인칭 뒤에 ấy를 붙여 표현해요.

   예 ông ấy [옴 어이] : 그 할아버지, anh ấy [아잉 어이] : 그 오빠, 그 형

2) 인칭의 복수형

종류	뜻
chúng ta [쭘 따]	청자 포함한 우리
chúng tôi [쭘 또이]	청자 제외한 우리
các [깍] + 1, 2, 3인칭	~들 예 **các anh** [깍 아잉] 오빠들, 형들 　　**các chị ấy** [깍 찌 어이] 그 언니들, 그 누나들

뭐하러 꾸준히 해?
3일씩만 열심히 할 건데...?

4 숫자

1	2	3	4	5
một	hai	ba	bốn	năm
[몯]	[하이]	[바]	[본]	[남]

6	7	8	9	10
sáu	bảy	tám	chín	mười
[싸우]	[바이]	[땀]	[찐]	[므어이]

★ 15 이상부터 일의 자리의 5는 năm이 아닌 lăm으로 써요.

15 mười năm (✕) → mười lăm

★ 20 이상부터 10의 자리는 mười가 아닌 mươi로 써요.

20 hai mười (✕) → hai mươi

★ 21 이상부터 일의 자리의 1은 một이 아닌 mốt으로 써요.

21 hai mươi một (✕) → hai mươi mốt

오늘은 여기까지!
더 하다간 천재되겠어!

우루룩

노양심

백 단위 **trăm** [짬]	**100** một trăm [몯 짬]
천 단위 **nghìn(= ngàn)** [응인]　　[응안]	**1.000** một nghìn [몯 응인]
만 단위	**10.000** mười nghìn [므어이 응인]
십만 단위	**100.000** một trăm nghìn [몯 짬 응인]
백만 단위 **triệu** [찌에우]	**1.000.000** một triệu [몯 찌에우]

★ 만 단위와 십만 단위에서는 뒤에서 공 3개를 끊어 앞부분을 읽고
　뒷부분은 nghìn이라고 읽어요.

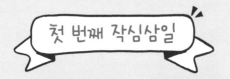

명사 표현

명사 표현

여러분은 '베트남 쌀국수'를 좋아하세요? 베트남, 쌀국수 이 두 단어 모두 이름을 나타내는 '명사'이죠! 이렇게 명사 끼리 같이 쓰이는 경우 베트남어로는 '쌀국수 + 베트남' 순으로 써요. 첫 번째 작심삼일에서는 베트남어의 명사 어순과 명사의 활용에 대해 배워 보도록 합시다! 그럼 시작해 볼까요?

 명사 어순

 명사 = 명사

 명사의 존재 표현

21

Day 1 명사 어순

핵심문법 1단계

★ 명사가 숫자와 결합하는 경우 한국어 어순과 같이 '숫자 + 명사' 순서로 써요.

숫자 + 명사

몯 **1**	까이 **cái**	1개
하이 **2**	응으어이 **người**	2명
바 **3**	지어 **giờ**	3시

> **예외** 달력의 날짜를 표현할 때만 순서가 역순이 돼요.
>
> 응어이   탕
> 6월 5일 = ngày 5 tháng 6
>   일   월

★ 한국어로 '명사A + 명사B'로 결합하여 쓰는 경우 순서가 뒤바뀌어 '명사B + 명사A'와 같이 써요.

한국 사람

응으어이   한꾸옥
người Hàn Quốc

2 핵심문법 2단계

★ 명사와 명사 간의 소유 관계를 나타낼 때 'của(~의)'를 써서 A của B(B의 A)로 표현할 수 있어요.

$$A + của + B = B의 A$$

_{꼼띠} _{꾸어} _{또이}
công ty của tôi 나의 회사

_{꼼띠} _{꾸어} _{응으어이} _{비엣남}
công ty của người Việt Nam 베트남 사람의 회사

_{꼼띠} _{꾸어} _{응으어이} _{한꾸옥}
công ty của người Hàn Quốc 한국 사람의 회사

- -

★ '~의 것'을 표현할 때는 'của + 명사'로 쓰는데 이때 của가 대명사의 뜻을 나타내요.

$$của + A = A의 것$$

_{꾸어} _{또이}
của tôi 나의 것

_{꾸어} _{꼼띠}
của công ty 회사의 것

_{꾸어} _{응으어이} _{비엣남}
của người Việt Nam 베트남 사람의 것

3 실생활 문장 익히기 ✧

 명사의 어순을 확인하며 예문을 따라 읽어 보세요.

하이 까이
2 cái 2개

___

므어이 지어 본 풋
10 giờ 4 phút 10시 4분

___

나항 녙반
nhà hàng Nhật Bản 일본 식당

___

퍼 비엣남
phở Việt Nam 베트남 쌀국수

___

꾸옌 싸익 띠엥 비엣
quyển sách tiếng Việt 베트남어 책

___

뗀 꾸어 또이
tên của tôi 나의 이름

___

꾸옥띡 꾸어 아잉
quốc tịch của anh 오빠/형의 국적

___

응에응이엡 꾸어 찌
nghề nghiệp của chị 언니/누나의 직업

___

꾸어 반가이
của bạn gái 여자 친구의 것

___

꾸어 반짜이
của bạn trai 남자 친구의 것

___

nhà hàng 식당 | Nhật Bản 일본 | phở 쌀국수 | quyển sách 책 | tiếng Việt
베트남어 | tên 이름 | quốc tịch 국적 | nghề nghiệp 직업 | bạn gái 여자 친구 |
bạn trai 남자 친구

4 확인 문제 ✰✰

✎ 한국어 의미와 일치하는 것에 ○ 하세요.

1 2개

cái 2 / 2 cái

2 일본 식당

nhà hàng Nhật Bản / Nhật Bản nhà hàng

3 오빠/형의 국적

anh của quốc tịch / quốc tịch của anh

4 남자 친구의 것

của bạn trai / bạn trai của

🔊 다음 문장을 베트남어로 말해 보세요.

1
1개

2
베트남 쌀국수

3
나의 이름

조금만 더
화이팅!!!

정답은 p185

명사 = 명사

★ 앞과 뒤의 명사를 동격으로 만들어 줄 때는 là(〜이다)를 사용해요.

A + **là** + **B** = **A는 B이다**

또이 라 란
Tôi là Lan. 나는 란이다.

또이 라 응으어이 한꾸욱
Tôi là người Hàn Quốc. 나는 한국인이다.

> 문장의 첫 글자는 대문자로 쓰고 평서문의
> 경우 문장 끝에 마침표를 찍어요.

★ 앞의 명사와 뒤의 명사가 같지 않을 때 là(〜이다)의 부정형으로 không
phải là(〜가 아니다)를 사용해요.

A + **không phải là** + **B** = **A는 B가 아니다**

또이 콤 파이 라 란
Tôi không phải là Lan. 나는 란이 아니다.

또이 콤 파이 라 응으어이 한꾸욱
Tôi không phải là người Hàn Quốc.
나는 한국인이 아니다.

2 핵심문법 2단계 ✨

★ 앞의 명사가 뒤의 명사인지 물어볼 때 'là + 명사' 뒤에 'phải không?'을 써요. phải는 '옳은'을 의미하며 không과 함께 쓰이면 '옳습니까?, 맞습니까?'라는 의미가 돼요.

A + là + B + phải không? = A가 B예요?

Chị **là** Lan *phải không?* 언니/누나는 란이에요?
<small>찌 라 란 파이 콤</small>

Anh **là** người Hàn Quốc *phải không?*
<small>아잉 라 응으어이 한꾸옥 파이 콤</small>
오빠/형은 한국인이에요?

> 의문문의 경우 끝에 '?'를 붙이는데 의문문이라고 해서 끝 음을 올리지 않아요. 성조에 따라 읽기만 하면 돼요!

- -

★ 'phải không?(맞습니까?)' 대신 'hả? / à? / đúng không?'을 사용할 수 있어요. đúng도 phải와 마찬가지로 '옳은'을 의미해요.

Chị **là** Lan *à?* 언니/누나는 란이에요?
<small>찌 라 란 아</small>

Anh **là** người Hàn Quốc *hả?*
<small>아잉 라 응으어이 한꾸옥 하</small>
오빠/형은 한국인이에요?

> 질문에 대한 답변
> ✓ 긍정: Vâng[벙] / Phải[파이] / Đúng[둠]
> ✓ 부정: Không[콤] / Không phải[콤 파이] / Không đúng[콤 둠]

3 실생활 문장 익히기 ⭐

 là의 문형을 확인하며 예문을 따라 읽어 보세요.

또이 뗀 라 낌
Tôi tên là Kim. 내 이름은 김이다.

- -

더이 라 밍
Đây là Minh. 이 사람은 밍이다.

- -

또이 라 년비엔
Tôi là nhân viên. 나는 회사원이다.

- -

또이 콤 파이 라 응으어이 비엩남
Tôi không phải là người Việt Nam.
나는 베트남 사람이 아니다.

- -

또이 콤 파이 라 지아오비엔
Tôi không phải là giáo viên. 나는 선생님이 아니다.

- -

아잉 어이 콤 파이 라 응으어이 돕 턴
Anh ấy không phải là người độc thân.
그 오빠/그 형은 독신이 아니다.

- -

까이 나이 라 꾸어 아잉 파이 콤
Cái này là của anh phải không? 이것은 오빠/형의 것이에요?

- -

아잉 라 년비엔 파이 콤
Anh là nhân viên phải không? 오빠/형은 회사원이에요?

- -

반짜이 꾸어 찌 라 남 파이 콤
Bạn trai của chị là Nam phải không?
언니/누나의 남자 친구는 남이에요?

- -

앰 라 씽비엔 아
Em là sinh viên à? 동생은 대학생이야?

đây 이분, 이것, 이곳 | nhân viên 회사원 | giáo viên 선생님 | độc thân 독신 |
cái này 이것 | sinh viên 대학생

4 확인 문제 ✦☆

✎ **다음 빈칸에 알맞은 말을 쓰세요.**

❶ 내 이름은 김이다.

Tôi tên _____ Kim.

❷ 이 사람은 밍이다.

Đây _____ Minh.

❸ 나는 선생님이 아니다.

Tôi _____ giáo viên.

❹ 오빠/형은 회사원이에요?

Anh là nhân viên _____?

🔊 **다음 문장을 베트남어로 말해 보세요.**

1
나는 한국인이다.

2
나는 베트남 사람이 아니다.

3
언니/누나는 란이에요?

내일도 할꺼징?

정답 185쪽

Day 3 # 명사의 존재 표현

✦ 핵심문법 1단계 ✦

★ 명사가 존재함을 나타낼 때 có(~가 있다)를 명사 앞에 써요.

có + **A** = **A가 있다**

꺼 본 응으어이
Có 4 người. 4명이 있다.

꺼 껀가이
Có con gái. 딸이 있다.

> có 앞에 주어를 써서 명사를 소유하고
> 있는 주체를 표현할 수도 있어요.
> VD) Tôi **có** con gái. 나는 딸이 **있어요.**

★ 명사가 존재하지 않을 때 không có(~가 없다)를 명사 앞에 써요.

không có + **A** = **A가 없다**

콤 꺼 응으어이
Không có người. 사람이 없다.

콤 꺼 껀짜이
Không có con trai. 아들이 없다.

2 핵심문법 2단계 ✨

★ 명사가 특정 위치에 존재함을 표현할 때 위치 전치사를 사용해요.

전치사 + **A** + **có** + **B** = **A의 N에** **B가 있다**

trên [쩬] 위

dưới [즈어이] 아래

trong [쩜] 안

ngoài [응오아이] 밖

cạnh [까잉] 옆

gần [건] 근처

trước [쯔억] 앞

sau [싸우] 뒤

반   꺼   꾸옌싸익
Trên bàn có quyển sách.   테이블 위에 책이 있다.

Dưới   아래

Trước   앞

Sau   뒤

3 실생활 문장 익히기 ✨

 명사의 존재 표현을 확인하며 예문을 따라 읽어 보세요.

또이 꺼 반가이
Tôi có bạn gái. 나는 여자 친구가 있어요.

지아딩 또이 꺼 본 응으어이
Gia đình tôi có 4 người. 내 가족은 4명이 있어요. (4명이에요.)

또이 꺼 몯 껀짜이
Tôi có 1 con trai. 나는 아들이 하나 있어요.

아잉 어이 콤 꺼 냐
Anh ấy không có nhà. 그 오빠/형은 집이 없어요.

찌 어이 콤 꺼 쫌
Chị ấy không có chồng. 그 언니/누나는 남편이 없어요.

또이 콤 꺼 앰짜이
Tôi không có em trai. 나는 남동생이 없어요.

응오아이 냐 꺼 쌔마이
Ngoài nhà có xe máy. 집 밖에 오토바이가 있어요.

남부에서는 에어컨을 máy lạnh 이라고 해요.

쩜 펌 콤 꺼 디에우호아
Trong phòng không có điều hòa. 방 안에 에어컨이 없어요.

쯔억 쯔엉 꺼 냐항
Trước trường có nhà hàng. 학교 앞에 식당이 있어요.

건 더이 꺼 꼼비엔
Gần đây có công viên. 여기 근처에 공원이 있어요.

---

gia đình 가족 | nhà 집 | chồng 남편 | em trai 남동생 | xe máy 오토바이 |
phòng 방 | điều hòa 에어컨 | trường 학교 | công viên 공원

4 확인 문제 ✨

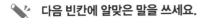 **다음 빈칸에 알맞은 말을 쓰세요.**

① 나는 아들이 하나 있어요.

Tôi _____ 1 con trai.

② 그 언니/누나는 남편이 없어요.

Chị ấy _____ chồng.

③ 집 밖에 오토바이가 있어요.

_____ nhà có xe máy.

④ 학교 앞에 식당이 있어요.

_____ trường có nhà hàng.

🔊 **다음 문장을 베트남어로 말해 보세요.**

> **1**
> 나는 여자 친구가
> 있어요.

> **2**
> 그 오빠/형은 집이
> 없어요.

> **3**
> 여기 근처에
> 공원이 있어요.

작심삼일
극뽁!

정답은 p185

명사 쓰임에 대해 공부한 당신
이 정도는 말할 수 있다!

상황 1

나보다 오빠/형뻘로 보이는 베트남 사람이 나를 한국인인지, 일본인인지, 중국인인지 긴가민가해 합니다. '저는 한국인이에요.'라고 말해 보세요.

➡

상황 2

호텔 체크인 한 후 방 안에 들어갔는데 맙소사! 방 안에 에어컨이 없네요. 호텔 프론트 데스크 직원에게 '방 안에 에어컨이 없어요.'라고 말해 보세요.

➡

상황1 : Em là người Hàn Quốc.
상황2 : Trong phòng không có điều hòa.

하루 세끼는 잘만 먹으면서
삼일 마음 못 먹어?

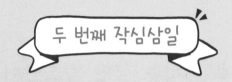

형용사 쓰임

형용사 쓰임

베트남의 전통 의상인 아오자이(áo dài)를 아세요? 아오
자이는 '긴 윗옷'이라는 뜻으로 áo는 '윗옷', dài는 '긴'이
라는 의미예요. 이와 같이 형용사는 명사 뒤에 위치하여
명사를 수식하는 역할을 해요. 두 번째 작심삼일에서는
명사를 수식하는 형용사의 쓰임과 형용사의 문형인 긍정
문, 부정문, 의문문에 대해 배워 보도록 합시다! 형용사
마스터를 위해 출발!

Day 1 **명사 수식**

Day 2 **지시/수량 형용사**

Day 3 **술어 역할**

명사 수식

┃ 핵심문법 1단계 ✨✨

★ 일반적인 형용사는 명사 뒤에서 명사를 수식해요.

명사 ✚ 형용사

아오 **áo** 윗옷	자이 **dài** 긴	긴 윗옷
	배 녀 **bé / nhỏ** 작은	작은 윗옷
	런 떠 **lớn / to** 큰	큰 윗옷
	댑 **đẹp** 예쁜	예쁜 윗옷
	머이 **mới** 새로운	새로운 윗옷
	똣 **tốt** 좋은	좋은 윗옷

꾸언 댑
quần đẹp 예쁜 바지

게 녀
ghế nhỏ 작은 의자

반 똣
bàn tốt 좋은 테이블

quần 바지 | ghế 의자 | bàn 테이블

★ 명사 뒤에 색과 관련된 형용사가 오면 명사의 색깔을 표현할 수 있어요.

명사 + 색깔 형용사

	^더 **đỏ** 빨강의	빨간 윗옷
	^깜 **cam** 주황의	주황 윗옷
	^방 **vàng** 노란	노란 윗옷
	^{싸잉 라 꺼이} **xanh lá cây** 초록의	초록 윗옷
^{아오} **áo** 윗옷	^{싸잉 느억 비엔} **xanh nước biển** 파랑의	파란 윗옷
	^{싸잉 람} **xanh lam** 남색의	남색 윗옷
	^띰 **tím** 보라색의	보라색 윗옷
	^짱 **trắng** 흰	흰색 윗옷
	^댄 **đen** 검정의	검은 윗옷

^{꾸언 더}
quần đỏ 빨간 바지

^{게 짱}
ghế trắng 흰 의자

^{반 댄}
bàn đen 검은 테이블

3 실생활 문장 익히기 ✰✰

 명사를 수식하는 형용사를 확인하며 예문을 따라 읽어 보세요.

^{냐항} ^런
nhà hàng lớn 큰 식당

---

^{껀가이} ^댑
con gái đẹp 예쁜 딸

---

^{지아이} ^댑
giày đẹp 예쁜 신발

---

^{쌔마이} ^{머이}
xe máy mới 새로운 오토바이

---

^{꾸옌싸익} ^똣
quyển sách tốt 좋은 책

---

^{쯔엉} ^녀
trường nhỏ 작은 학교

---

^{아오자이} ^띰
áo dài tím 보라색 아오자이

---

^{지아이} ^{싸잉} ^{느억} ^{비엔}
giày xanh nước biển 파란 신발

---

^{쌔마이} ^더
xe máy đỏ 빨간 오토바이

---

^냐 ^짱
nhà trắng 흰 집
　　　　　　　　　미국 백악관
　　　　　　　　　(White house)를
　　　　　　　　　뜻하기도 해요.

giày 신발

4 확인 문제 ✨

✏️ **한국어 의미와 일치하는 것에 ○ 하세요.**

① 큰 식당

lớn nhà hàng / nhà hàng lớn

② 예쁜 신발

đẹp giày / giày đẹp

③ 흰 아오자이

áo dài trắng / trắng áo dài

④ 빨간 오토바이

xe máy vàng / xe máy đỏ

🔊 **다음 문장을 베트남어로 말해 보세요.**

> **1**
> 예쁜 딸

> **2**
> 좋은 책

> **3**
> 흰 집

조금만 더
화이팅!!

정답은 p185 ➡️

지시/수량 형용사

핵심문법 1단계

★ 명사 뒤에 지시 형용사 này(이), đó(그), kia(저)가 위치하여 명사의 의미를 한정해 줘요.

이 N = N + này	그 N = N + đó	저 N = N + kia
이것 cái này	그것 cái đó	저것 cái kia
이분 người này	그분 người đó	저분 người kia

★ 지시 형용사 đó(그), kia(저)는 명사 뒤에서 명사를 수식하는 역할뿐만 아니라 사람, 장소, 사물을 지시하는 대명사의 의미도 있어요.

đây	이분, 이곳, 이것
đó (= đấy)	그분, 그곳, 그것
kia	저분, 저곳, 저것

Đây là bạn của tôi. **이분**은 나의 친구이다.

Đó không phải là người Anh. **그분**은 영국인이 아니다.

★ 일반 형용사가 명사 뒤에 위치하는 것과 달리 수량 형용사는 명사 앞에 위치
하여 명사의 수량을 나타내요. 수량 형용사의 종류와 의미에 대해 알아봐요!

수량 형용사 ✚ 명사

니에우 **nhiều** 많은		많은 사람
잍 **ít** 적은		적은 사람
두 **đủ** 충분한	응으어이 **người** 사람	충분한 사람
티에우 **thiếu** 부족한		부족한 사람
트어 **thừa** 너무 많은		너무 많은 사람
더이 **đầy** 가득찬		가득찬 사람

3 실생활 문장 익히기 ✦

 지시 형용사, 지시 대명사, 수량 형용사의 의미와 위치를 확인하며 예문을 따라 읽어 보세요.

호 나이
hồ này 이 호수

- -

누이 더
núi đó 그 산

- -

당 끼어
đằng kia 저쪽

- -

더 라 쩌 벤 타잉
Đó là chợ Bến Thành. 그곳은 벤탄 시장이에요.

- -

끼어 라 보 꾸어 또이
Kia là bố của tôi. 저 사람은 나의 아버지예요.

- -

또이 꺼 니에우 띠엔
Tôi có nhiều tiền. 나는 많은 돈이 있어요.

- -

아잉 어이 꺼 잍 비엑
Anh ấy có ít việc. 그는 적은 일이 있어요. (일이 적어요.)

- -

티에우 지아오 비엔
thiếu giáo viên (인원이) 부족한 선생님

- -

또이 꺼 두 쓱
Tôi có đủ sức. 나는 충분한 힘이 있어요.

- -

몯 짜이 더이 느억
1 chai đầy nước 가득찬 물 1병

hồ 호수 | núi 산 | đằng 쪽 | chợ 시장 | bố 아버지 | tiền 돈 | việc 일 | sức 힘 |
chai 병 | nước 물

4 확인 문제 ✦

✎ **다음 빈칸에 알맞은 말을 쓰세요.**

1 이 호수

hồ _____

2 그곳은 벤탄 시장이에요.

_____ là chợ Bến Thành.

3 나는 많은 돈이 있어요.

Tôi có _____ tiền.

4 나는 충분한 힘이 있어요.

Tôi có _____ sức.

🔊 **다음 문장을 베트남어로 말해 보세요.**

1
저쪽

2
저 사람은
나의 아버지예요.

3
부족한 선생님

내일도
할거징?

정답 185쪽

Day 3 술어 역할

I 핵심문법 1단계 ✦✧

★ Day 1, Day 2에서 형용사의 명사 수식 역할에 대해 살펴봤다면 Day 3에
서는 형용사의 술어 역할을 살펴보도록 해요. 형용사가 주어 뒤에 위치하
면 '주어가 ~하다'로 해석돼요.

<table>
<tr><td>주어</td><td>+</td><td>형용사</td></tr>
<tr><td>아오
Áo</td><td></td><td>자이
dài</td></tr>
<tr><td>윗옷이</td><td></td><td>긴</td></tr>
</table>

아오   녀
Áo nhỏ.   윗옷이 **작다**.

> [Day1]에서 살펴봤던 예문 'áo dài(긴 윗옷)',
> 'áo nhỏ(작은 윗옷)'은 각각 '윗옷이 길다', '윗
> 옷이 작다'와 같이 해석될 수도 있어요. 이와
> 같이 형용사는 문맥에 따라 해석이 달라져요.

- -

★ 형용사의 부정문을 살펴볼까요? không을 형용사 앞에 쓰면 '주어는 안
~해요', '주어는 ~하지 않아요'라는 의미의 부정문을 표현할 수 있어요.

<table>
<tr><td>주어</td><td>+</td><td>không</td><td>+</td><td>형용사</td></tr>
<tr><td>아오
Áo</td><td></td><td>콤
không</td><td></td><td>자이
dài</td></tr>
<tr><td>윗옷이</td><td></td><td>~하지 않다</td><td></td><td>긴</td></tr>
</table>

아오   콤   녀
Áo không nhỏ.   윗옷이 작지 **않아요**.

2 핵심문법 2단계 ✦✦

★ '주어 + 형용사(주어는 형용사하다)'라는 긍정문을 의문문으로 바꿀 때는 형용사 뒤에 không을 붙여 '주어는 ~해요?'의 의미를 나타내요. 형용사의 의미를 강조해서 물어볼 때는 형용사 앞에 có를 붙일 수 있어요. 이때 có는 '~가 있다'의 동사의 의미가 아닌 형용사를 강조하기만 해서 뜻이 없기 때문에 생략 가능해요.

주어	(+ có)	+	형용사	+	không?
아오	(꺼)		자이		콤
Áo	**(có)**		**dài**		**không?**
윗옷이			긴		~해요?

아오 (꺼) 녀 콤
Áo (có) nhỏ không? 윗옷이 작**아요?**

- -

★ 형용사의 의문문에 대해 답할 때 긍정의 경우 Vâng 혹은 Có, 부정의 경우 Không으로 대답하면 돼요.

아오 자이 콤
Áo dài không? 윗옷이 길어요?

벙 꺼
긍정 Vâng. / Có. 네.

콤
부정 Không. 아니요.

3 실생활 문장 익히기 ✦✦

형용사의 '술어' 기능을 확인하며 예문을 따라 읽어 보세요.

Tôi **buồn**. 나는 슬퍼요.
또이 부온

Chị **không buồn**. 언니/누나는 슬프지 않아요.
찌 콤 부온

Anh **buồn không**? 오빠/형은 슬퍼요?
아잉 부온 콤

Cà phê này **đắng**. 이 커피는 써요.
까 페 나이 당

Cà phê đó **không đắng**. 그 커피는 안 써요.
까 페 더 콤 당

Cà phê kia **đắng không**? 저 커피는 써요?
까 페 끼어 당 콤

Tôi **khỏe**. 나는 건강해요. (잘 지내요.)
또이 쾌

Chị tôi **không khỏe**.
찌 또이 콤 쾌
내 언니/누나는 건강하지 않아요. (잘 못 지내요.)

Anh **khỏe không**? 오빠/형은 건강해요? (잘 지내요?)
아잉 쾌 콤

> khỏe(건강한)을 써서 상대방의 안부를 묻는 표현으로 인사처럼 사용해요.

Người Việt Nam **thân thiện**. 베트남 사람은 친절해요.
응으어이 비엣남 턴티엔

buồn 슬픈 | cà phê 커피 | đắng (맛이) 쓴 | khỏe 건강한 | thân thiện 친절한

4 확인 문제 ⭐

✎ **다음 빈칸에 알맞은 말을 쓰세요.**

① 언니/누나는 슬프지 않아요.

Chị _____ buồn.

② 저 커피는 써요?

Cà phê kia đắng _____?

③ 내 언니/누나는 잘 못 지내요.

Chị tôi _____ khỏe.

④ 베트남 사람은 친절해요.

Người Việt Nam _____.

🔊 **다음 문장을 베트남어로 말해 보세요.**

1
나는 슬퍼요.

2
그 커피는
안 써요.

3
오빠/형은
잘 지내요?

작심삼일 극뽁!

정답은 p185

형용사 쓰임에 대해 공부한 당신 이 정도는 말할 수 있다!

상황 1

오랜만에 아는 동생에게 연락하려는 당신, 그동안 잘 지냈는지 '건강해?(잘 지냈어?)'라고 어떻게 안부 인사를 할 수 있을까요?

➡ _____

상황 2

베트남 커피를 주문하려고 하는 당신! 진한 커피를 잘 못 먹기 때문에 주문 전에 '이 커피는 씁니까?'라고 물어보고 싶어요. 어떻게 물어볼까요?

➡ _____

상황1 : Em khỏe không?
상황2 : Cà phê này đắng không?

공부한다고 기분이 저기압 되었다면
이제 고기 앞으로 가라!

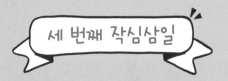

동사 문형

동사 문형

여러분! 식사하셨나요? 우리나라와 같이 베트남도 전쟁을 겪은 나라이기 때문에 '식사했어요?'라는 표현이 상대방의 안부를 묻는 인사로 사용돼요. 세 번째 작심삼일에서는 동작이나 상태를 나타내는 '동사'의 긍정문, 부정문, 의문문에 대해 배워 보도록 합시다!

Day 1 긍정문

Day 2 부정문

Day 3 의문문

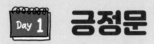

긍정문

┃ 핵심문법 1단계 ⭐

★ '주어 + 동사'는 '주어는 ~하다'의 긍정문을 만들며 동사 뒤에 목적어가
위치할 경우 '주어는 ~을 ~하다'의 뜻이 돼요.

주어 + 동사 (+ 목적어)

또이
Tôi
나는

안
ăn
먹다

또이 안 껌
Tôi ăn cơm. 나는 밥을 먹는다.

찌 껫혼
Chị kết hôn. 언니/누나는 결혼한다.

아잉 람 비엑
Anh làm việc. 오빠/형은 일한다.

앰 우옹
Em uống. 동생은 마신다.

앰 우옹 까페
Em uống cà phê. 동생은 커피를 마신다.

làm việc 일하다

★ 동사의 행위가 현재 완료된 상태일 때 동사 뒤에 rồi(완료)를 붙여서 '주어
는 ~했다'를 의미해요. 목적어가 있는 경우 목적어 다음에 rồi가 붙어요.

주어 + **동사** (+ **목적어**) + **rồi**

또이	안	조이
Tôi	**ăn**	rồi
나는	먹다	~했다

또이 안 껌 조이
Tôi ăn cơm rồi. 나는 밥을 먹었다.

찌 껟혼 조이
Chị kết hôn rồi. 언니/누나는 결혼**했다.**

아잉 람 조이
Anh làm rồi. 오빠/형은 일**했다.**

앰 우옹 조이
Em uống rồi. 동생은 마**셨다.**

앰 우옹 까페 조이
Em uống cà phê rồi. 동생은 커피를 마**셨다.**

3 실생활 문장 익히기 ★

 동사의 긍정문 어순을 확인하며 아래 문장을 따라 읽어 보세요.

또이 응우
Tôi ngủ. 나는 자요.

또이 특져이
Tôi thức dậy. 나는 일어나요.

아잉 어이 땀
Anh ấy tắm. 그 오빠/형은 샤워해요.

또이 쎔 띠비
Tôi xem tivi. 나는 TV를 봐요.

또이 헙 띠엥비엗
Tôi học tiếng Việt. 나는 베트남어를 공부해요.

찌 어이 응우 조이
Chị ấy ngủ rồi. 그 언니/누나는 잠들었어요.

앰 또이 특져이 조이
Em tôi thức dậy rồi. 내 동생은 일어났어요.

껀짜이 또이 땀 조이
Con trai tôi tắm rồi. 내 아들은 샤워했어요.

또이 쎔 띠비 조이
Tôi xem tivi rồi. 나는 TV를 봤어요.

또이 헙 띠엥비엗 조이
Tôi học tiếng Việt rồi. 나는 베트남어를 공부했어요.

---

ngủ 자다 | thức dậy 일어나다 | tắm 샤워하다 | xem 보다 | học 공부하다

4 확인 문제 ✫☆

✎ 다음 제시된 단어를 알맞은 순서로 써 보세요.

① thức dậy / tôi

_____

② tiếng Việt / tôi / học

_____

③ tôi / tivi / xem / rồi

_____

④ tôi / cơm / rồi / ăn

_____

🔊 다음 문장을 베트남어로 말해 보세요.

1
나는 자요.

2
나는 TV를 봐요.

3
언니/누나는 결혼했어요.

조금만 더 화이팅!!

정답은 p186

부정문

┃ 핵심문법 1단계 ⚡

★ không을 동사 앞에 붙여 '안 ~해요' '~하지 않아요'와 같이 부정으로 표현할 수 있어요. 목적어가 있는 경우 긍정문과 마찬가지로 동사 뒤에 목적어를 써요.

주어 + **không** + **동사** (+ **목적어**)

또이	콤	안
Tôi	**không**	**ăn**
나는	~하지 않다	먹다

또이　콤　안　껌
Tôi không ăn cơm.　나는 밥을 **안** 먹는다.

찌　콤　껫혼
Chị không kết hôn.　언니/누나는 결혼하지 **않는다.**

아잉　콤　람　비엑
Anh không làm việc.　오빠/형은 일하지 **않는다.**

앰　콤　우옹
Em không uống.　동생은 마시지 **않는다.**

앰　콤　우옹　까페
Em không uống cà phê.　동생은 커피를 마시지 **않는다.**

2 핵심문법 2단계 ✦

★ 동사의 행위가 현재 완료되지 않았음을 나타낼 때 '아직 ~ 안 했다'의 뜻
으로 chưa를 동사 앞에 써요. 핵심 문법 1단계의 không 부정문과 달리
'아직'이라는 의미가 포함돼요.

주어 + chưa + 동사 (+ 목적어)

또이	쯔어	안
Tôi	**chưa**	**ăn**
나는	아직 안 했다	먹다

또이   쯔어 안 껌
Tôi chưa ăn cơm. 나는 밥을 **아직 안** 먹었다.

찌   쯔어 껫혼
Chị chưa kết hôn. 언니/누나는 **아직** 결혼하지 **않았다.**

아잉   쯔어 람 비액
Anh chưa làm việc. 오빠/형은 **아직** 일하지 **않았다.**

앰   쯔어 우옹
Em chưa uống. 동생은 **아직** 마시지 **않았다.**

앰   쯔어 우옹 까페
Em chưa uống cà phê. 동생은 커피를 **아직 안** 마셨다.

Day 2 · 부정문 59

3 실생활 문장 익히기

 동사의 부정문 어순을 확인하며 아래 문장을 따라 읽어 보세요.

또이 | 콤 | 응우
Tôi **không** ngủ. 나는 안 자요.

- -

또이 | 콤 | 특져이
Tôi **không** thức dậy. 나는 안 일어나요.

- -

찌 | 어이 | 콤 | 땀
Chị ấy **không** tắm. 그 언니/누나는 샤워 안 해요.

- -

또이 | 콤 | 쌤 | 핌
Tôi **không** xem phim. 나는 영화를 안 봐요.

- -

또이 | 콤 | 헙 | 띠엥아잉
Tôi **không** học tiếng Anh. 나는 영어를 공부하지 않아요.

- -

옹 | 어이 | 쯔어 | 응우
Ông ấy **chưa** ngủ. 그 할아버지는 아직 안 주무세요.

- -

반 | 또이 | 쯔어 | 특져이
Bạn tôi **chưa** thức dậy. 내 친구는 아직 일어나지 않았어요.

- -

껀가이 | 또이 | 쯔어 | 땀
Con gái tôi **chưa** tắm. 내 딸은 아직 샤워하지 않았어요.

- -

또이 | 쯔어 | 쌤 | 핌
Tôi **chưa** xem phim. 나는 영화를 아직 안 봤어요.

- -

또이 | 쯔어 | 헙 | 띠엥아잉
Tôi **chưa** học tiếng Anh. 나는 아직 영어를 공부하지 않았어요.

phim 영화 | tiếng Anh 영어 | ông 할아버지

4 확인 문제 ✦✧

✎ **다음 빈칸에 알맞은 말을 쓰세요.**

① 나는 안 자요.

Tôi _____ ngủ.

② 나는 영어를 공부하지 않아요.

Tôi _____ học tiếng Anh.

③ 내 친구는 아직 안 일어났어요.

Bạn tôi _____ thức dậy.

④ 나는 영화를 아직 안 봤어요.

Tôi _____ xem phim.

🔊 **다음 문장을 베트남어로 말해 보세요.**

> **1**
> 나는 영화를
> 안 봐요.

> **2**
> 나는 아직 밥을
> 안 먹었어요.

> **3**
> 언니/누나는 아직
> 결혼 안 했어요.

내일도
할꺼징?

정답 186쪽

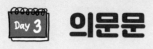

Day 3 의문문

I 핵심문법 1단계

★ '주어는 ~하다'라는 긍정문을 의문문으로 만들 때 'không?'을 동사 뒤에 붙여 '주어는 ~해요?'라고 표현할 수 있어요. 목적어가 있는 경우 동사 다음에 써요.

주어 + **동사** (+ **목적어**) + **không?**

아잉	안	콤
Anh	**ăn**	không?
오빠/형은	먹다	~해요?

아잉 안 껌 콤
Anh ăn cơm không? 오빠/형은 밥을 먹어요?

찌 껫혼 콤
Chị kết hôn không? 언니/누나는 결혼해요?

아잉 람 비엑 콤
Anh làm việc không? 오빠/형은 일해요?

앰 우옹 콤
Em uống không? 동생은 마셔요?

앰 우옹 까페 콤
Em uống cà phê không? 동생은 커피를 마셔요?

★ 동사 행위를 현재 완료했는지에 대해 물을 때 동사 뒤에 'chưa?'를 사용해서 '주어는 ~했어요?'라는 의미를 나타내요. 목적어가 있는 경우 동사 다음에 써요.

주어 + **동사** (+ **목적어**) + **chưa?**

아잉	안		쯔어
Anh	**ăn**		**chưa?**
오빠/형은	먹다		~했어요?

아잉 안 껌 쯔어
Anh ăn cơm chưa? 오빠/형은 밥을 먹었어요?

찌 껱혼 쯔어
Chị kết hôn chưa? 언니/누나는 결혼했어요?

아잉 람 비엑 쯔어
Anh làm việc chưa? 오빠/형은 일했어요?

앰 우옹 쯔어
Em uống chưa? 동생은 마셨어요?

앰 우옹 까페 쯔어
Em uống cà phê chưa? 동생은 커피를 마셨어요?

Tip ~không?과 ~chưa? 의문문 구분하기
....

✓ Kết hôn **không**? 결혼해? ← 결혼하는지 질문
✓ Kết hôn **chưa**? 결혼했어? ← 현재 결혼을 한 상태인지 안 한 상태인지 질문

3 실생활 문장 익히기 ✩

 동사의 의미와 위치를 확인하며 예문을 따라 읽어 보세요.

아잉 헙 콤
Anh học không? 오빠/형은 공부해요?

찌 쌤 핌 콤
Chị xem phim không? 언니/누나는 영화를 봐요?

아잉 무어 콤
Anh mua không? 오빠/형은 사요?

앰 무어 까이 나이 콤
Em mua cái này không? 동생은 이거를 사?

찌 너우안 콤
Chị nấu ăn không? 언니/누나는 요리해요?

아잉 헙 쯔어
Anh học chưa? 오빠/형은 공부했어요?

찌 쌤 핌 쯔어
Chị xem phim chưa? 언니/누나는 영화를 봤어요?

아잉 무어 쯔어
Anh mua chưa? 오빠/형은 샀어요?

앰 무어 까이 나이 쯔어
Em mua cái này chưa? 동생은 이거를 샀어?

찌 너우안 쯔어
Chị nấu ăn chưa? 언니/누나는 요리했어요?

mua 사다 | nấu ăn 요리하다

4 확인 문제 ✦✦

✎ **다음 빈칸에 알맞은 말을 쓰세요.**

❶ 언니/누나는 영화를 봐요?

   Chị xem phim _____?

❷ 동생은 이거를 사?

   Em mua cái này _____?

❸ 오빠/형은 공부했어요?

   Anh học _____?

❹ 언니/누나는 요리했어요?

   Chị nấu ăn _____?

🔊 **다음 문장을 베트남어로 말해 보세요.**

> **1**
> 오빠/형은 공부해요?

> **2**
> 오빠/형은 사요?

> **3**
> 언니/누나는
> 영화를 봤어요?

작심삼일
극뽁!

정답은 p186

Day 3 · 의문문 65

동사 문형에 대해 공부한 당신
이 정도는 말할 수 있다!

상황 1

지금은 오후 한 시! 사무실 계단을 내려가다가 나이가 어린 동료를 마주 쳤어요. 동료에게 밥 먹었는지 어떻게 물어볼 수 있을까요?

➡

_____

상황 2

아직 미혼인 나에게 오빠/형으로 보이는 사람이 결혼했는지 물어봅니 다. '저는 아직 결혼 안 했어요.'라고 어떻게 대답할 수 있을까요?

➡

_____

상황1 : Em ăn cơm chưa?
상황2 : Em chưa kết hôn.

하나를 보고 열을 알면 무당이다.
3일 공부하고 모른다고 실망하지 말자!

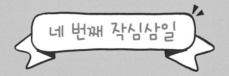

네 번째 작심삼일

시제

Tôi vừa chia tay.
나는 막 이별했다.

시제

여러분은 베트남에 가 봤어요? 베트남에 가서 뭘 했어요? "쌀국수를 먹었어요", "바닷가에 갔어요", "베트남 사람과 대화했어요" 등과 같이 대답할 수 있겠죠? 이렇게 '했다'라는 과거 시제와 더불어 현재 시제, 미래 시제를 배워 보도록 해요!

Day 1 과거 시제

Day 2 현재 진행 시제

Day 3 미래 시제

과거 시제

Day 1

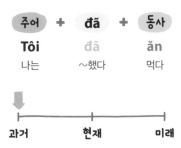

♪ 핵심문법 1단계 ✦✧

★ 과거에 일어난 행동에 대해 표현할 때 과거 시제 **đã**를 동사 앞에 붙여 '~했다'의 의미를 나타내요.

주어	+	đã	+	동사
Tôi		đã		**ăn**
나는		~했다		먹다

```
↓
|————————|————————|
과거      현재      미래
```

Tôi đã thức dậy.   나는 일어났다.

Tôi đã tốt nghiệp.   나는 졸업했다.

Tôi đã chia tay.   나는 이별했다.

Chị ấy đã gọi món.   그 언니/누나는 주문했다.

Xe buýt đã đến.   버스가 도착했다.

tốt nghiệp 졸업하다 | chia tay 이별하다 | gọi món 주문하다 | xe buýt 버스 |
đến 도착하다

2 핵심문법 2단계 ✦✧

★ 근접 과거 시제인 mới/vừa/vừa mới는 모두 동사 앞에 위치하며 방금, 막 일어난 행동, 일에 대해 표현하여 '막 ~했다', '방금 ~했다'를 의미해요. 방금 전에 일어난 일이므로 완료의 의미를 강조하기 위해 문장 끝에 rồi를 붙여 쓰기도 해요.

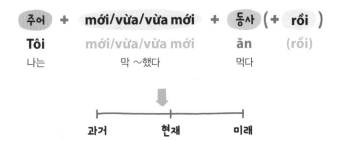

Tôi mới thức dậy (rồi). 나는 막 일어났다.

Tôi vừa tốt nghiệp (rồi). 나는 막 졸업했다.

Tôi vừa chia tay (rồi). 나는 막 이별했다.

Chị ấy vừa mới gọi món (rồi). 그 언니/누나는 막 주문했다.

Xe buýt vừa mới đến (rồi). 버스가 막 도착했다.

3 실생활 문장 익히기 ✦✦

 과거 시제와 근접 과거 시제의 의미를 확인하며 예문을 따라 읽어 보세요.

Tôi **đã** gặp bạn. 나는 친구를 만났어요.

- -

Chị ấy **đã** đi Việt Nam. 그 언니/누나는 베트남에 갔어요.

- -

Tôi **đã** hỏi. 나는 질문했어요.

- -

Chúng tôi **đã** về nhà. 우리는 집에 갔어요.

- -

Xe buýt **đã** khởi hành. 버스가 출발했어요.

- -

Tôi **mới** gặp bạn. 나는 방금 친구를 만났어요.

- -

Chị ấy **mới** đi Việt Nam. 그 언니/누나는 막 베트남에 갔어요.

- -

Tôi **vừa** hỏi. 나는 방금 질문했어요.

- -

Chúng tôi **vừa** về nhà. 우리는 막 집에 갔어요.

- -

Xe buýt **vừa mới** khởi hành. 버스가 방금 출발했어요.

hỏi 묻다, 질문하다 | chúng tôi 우리 | về 돌아가다 | khởi hành 출발하다

4 확인 문제

✎ **다음 빈칸을 알맞게 채우세요.**

① 나는 질문했어요.

Tôi _____ hỏi.

② 우리는 집에 갔어요.

Chúng tôi _____ về nhà.

③ 그 언니/누나는 막 베트남에 갔어요.

Chị ấy _____ đi Việt Nam.

④ 버스가 방금 출발했어요.

Xe buýt _____ khởi hành.

🔊 **다음 문장을 베트남어로 말해 보세요.**

> **1**
> 나는 친구를
> 만났어요.

> **2**
> 나는 방금
> 질문했어요.

> **3**
> 나는 막 이별했다.

조금만 더
화이팅!!

정답은 p186

현재 진행 시제

☞ 핵심문법 1단계

★ 현재 진행 시제 đang은 동사 앞에 붙어 '~하는 중이다'의 의미로 현재 진행 중인 일에 대해 말해요.

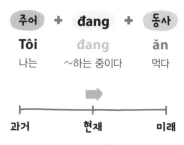

Tôi đang học. 나는 공부하는 **중이다**.

Tôi đang nghĩ. 나는 생각하는 **중이다**.

Tôi đang nói chuyện. 나는 대화하는 **중이다**.

Chúng tôi đang bơi. 우리는 수영하는 **중이다**.

Chị ấy đang đọc báo. 그 언니/누나는 신문을 읽는 **중이다**.

nghĩ 생각하다 | nói chuyện 대화하다 | bơi 수영하다 | đọc báo 신문 읽다

★ 과거에서부터 시작해 온 일이 현재에도 계속 진행 중임을 나타내는 '～해 오고 있는 중이다'는 과거 시제 đã(～했다)와 현재 진행 시제 đang(～하는 중이다)을 함께 사용할 수 있으며 이때 접속사 và(그리고)로 연결하여 đã và đang로 쓸 수 있어요.

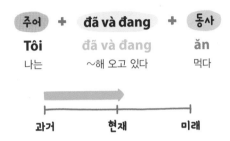

주어	+	đã và đang	+	동사
Tôi		**đã và đang**		**ăn**
나는		～해 오고 있다		먹다

과거　　　현재　　　미래

Tôi đã và đang học.　나는 공부해 오고 있는 중이다.

Tôi đã và đang nghĩ.　나는 생각해 오고 있는 중이다.

Tôi đã và đang nói chuyện.　나는 대화해 오고 있는 중이다.

Chúng tôi đã và đang bơi.　우리는 수영해 오고 있는 중이다.

Chị ấy đã và đang đọc báo.
그 언니/누나는 신문을 읽어 오고 있는 중이다.

3 실생활 문장 익히기

 현재 진행 시제의 의미를 확인하며 아래 문장을 따라 읽어 보세요.

Tôi **đang** tìm. 나는 찾고 있는 중이에요.

Tôi **đang** ăn kiêng. 나는 다이어트 중이에요.

Tôi **đang** nghĩ. 나는 생각하는 중이에요.

Tôi **đang** làm ăn. 나는 사업하고 있는 중이에요.

Anh ấy **đang** gom tiền. 그 오빠/형은 돈을 모으고 있는 중이에요.

Tôi **đã và đang** tìm. 나는 찾아오고 있는 중이에요.

Tôi **đã và đang** ăn kiêng.
나는 다이어트를 해 오고 있는 중이에요.

Tôi **đã và đang** nghĩ. 나는 생각해 오고 있는 중이에요.

Tôi **đã và đang** làm ăn. 나는 사업을 해 오고 있는 중이에요.

Anh ấy **đã và đang** gom tiền.
그 오빠/형은 돈을 모아 오고 있는 중이에요.

tìm 찾다 | ăn kiêng 다이어트하다 | làm ăn 사업하다 | gom tiền 돈을 모으다

✎ **다음 빈칸에 알맞은 말을 쓰세요.**

❶ 나는 다이어트 중이에요.

Tôi _____ ăn kiêng.

❷ 나는 사업하고 있는 중이에요.

Tôi _____ làm ăn.

❸ 나는 생각해 오고 있는 중이에요.

Tôi _____ nghĩ.

❹ 그 오빠/형은 돈을 모아 오고 있는 중이에요.

Anh ấy _____ gom tiền.

🔊 **다음 문장을 베트남어로 말해 보세요.**

1
그 언니/누나는
신문을 읽는 중이다.

2
나는 수영해
오고 있는 중이다.

3
나는 생각하는
중이다.

내일도
할꺼징?

정답 186쪽

미래 시제

❙ 핵심문법 1단계 ✨

★ sắp은 '곧 ~할 것이다'를 의미하는 근접 미래 시제예요. 가까운 미래에 대
해 표현하며, 미래 시제이지만 곧 일어날 일임을 강조하기 위해 문장 끝에
완료의 의미인 rồi가 올 수 있어요.

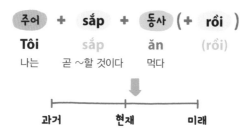

| 주어 | + | sắp | + | 동사 | (+ | rồi |) |

Tôi sắp ăn (rồi)
나는 곧 ~할 것이다 먹다

과거   현재   미래

Tôi sắp đi du lịch.   나는 **곧 여행할 것이다.**

Tôi sắp đi ra ngoài.   나는 **곧 밖에 나갈 것이다.**

Tôi sắp đến rồi.   나는 **곧 도착할 것이다.**

Trời sắp mưa.   **곧 비가 내릴 것이다.**

> mưa는 명사이지만
> sắp 뒤에 와요!

Sắp xong rồi.   **곧 끝날 것이다.**

đi du lịch 여행하다 | đi ra ngoài 밖으로 나가다 | trời 날씨 | mưa 비 |
xong 끝나다

2 핵심문법 2단계

★ 미래에 대해 표현할 때 미래 시제 sẽ를 동사 앞에 붙여 '~할 것이다'와 같은 의미로 써요.

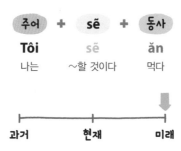

Tôi sẽ đi du lịch. 나는 여행할 것이다.

Tôi sẽ đi ra ngoài. 나는 밖에 나갈 것이다.

- -

★ 예정되어 있는 확실한 미래는 định을 동사 앞에 써서 '~할 예정이다'라고 표현할 수 있어요.

Tôi định đi du lịch. 나는 여행할 예정이다.

Tôi định gặp anh ấy. 나는 그 오빠/형을 만날 예정이다.

3 실생활 문장 익히기

 근접 미래 시제와 미래 시제의 의미를 확인하며 아래 문장을 따라 읽어 보세요.

Tôi **sắp** đồng ý. 나는 곧 동의할 거예요.

Bạn tôi **sắp** kết hôn. 내 친구는 곧 결혼할 거예요.

Xe buýt **sắp** đến. 버스가 곧 도착할 거예요.

Tôi **sắp** rửa chén. 나는 곧 설거지할 거예요.

Tôi **sẽ** không đồng ý. 나는 동의 안 할 거예요.

Em trai tôi **sẽ** kết hôn. 내 남동생은 결혼할 거예요.

Bạn thân tôi **sẽ** đến Hàn Quốc.
내 친한 친구가 한국에 올 거예요.

Tôi **định** đồng ý. 나는 동의할 예정이에요.

Con gái tôi **định** kết hôn. 내 딸은 결혼할 예정이에요.

Người yêu tôi **định** đến Hàn Quốc.
내 애인이 한국에 올 예정이에요.

đồng ý 동의하다 | rửa chén 설거지하다 | bạn thân 친한 친구 | người yêu 애인

4 확인 문제 ⭐✩

✎ **다음 빈칸을 알맞게 채우세요.**

① 버스가 곧 도착할 거예요.

Xe buýt _____ đến.

② 나는 곧 설거지할 거예요.

Tôi _____ rửa chén.

③ 나는 동의 안 할 거예요.

Tôi _____ không đồng ý.

④ 내 애인이 한국에 올 예정이에요.

Người yêu tôi _____ đến Hàn Quốc.

🔊 **다음 문장을 베트남어로 말해 보세요.**

1
내 친구는 곧
결혼할 거예요.

2
내 남동생은
결혼할 거예요.

3
내 딸은 결혼할
예정이에요.

작심삼일
극뽁!

정답은 p186

시제에 대해 공부한 당신
이 정도는 말할 수 있다!

상황 1

식당 테이블에 앉아 있는 당신에게 직원이 다가와 주문을 했냐고 물어 봅니다. 당신은 이미 주문을 마친 상태니까 '방금 주문했어요.'라고 말해 보세요.

➡

_____

상황 2

하늘을 보니 먹구름이 잔뜩 끼었습니다. 금방이라도 장대 같은 비가 쏟아질 것 같은데요. 밖으로 나가려는 친구에게 '곧 비가 올 거야.'라고 말해 보세요.

➡

_____

상황1 : Mới gọi món (rồi). [Vừa gọi món (rồi). / Vừa mới gọi món (rồi).]
상황2 : Trời sắp mưa (rồi).

오늘은 어제 당신이
그토록 공부한다던 내일이다.

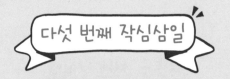

조동사

Tôi muốn giảm cân.
나는 살을 빼고 싶다.

언제쯤
입어볼 수 있을까...

조동사

다섯 번째 작심삼일까지 이제 거의 반을 달려왔습니다. 열 번째 작심삼일이 되면 '베트남어를 말할 수 있어요.'라고 자신 있게 말하기 위해서 베트남어 공부를 '열심히 해야만 하겠죠'? 이번 다섯 번째 시간에서는 '〜해야 한다', '〜할 수 있다' 등 동사의 의미를 보조해 주는 조동사를 배워 보도록 해요.

Day 1 　바람

Day 2 　의무

Day 3 　가능

바람

I 핵심문법 1단계

★ 무언가를 원하고 바랄 때 muốn을 동사 앞에 붙여 '~하고 싶다', '~하기를 원한다'의 의미로 표현할 수 있어요.

주어 + **muốn** + 동사
Tôi   muốn   **học**
나는   ~하고 싶다   공부하다

Tôi muốn tập thể dục.   나는 운동하고 **싶다**.

Chị ấy muốn giảm giá.   그 언니/누나는 가격을 깎고 **싶어 한다**.

Tôi muốn giảm cân.   나는 살을 빼고 **싶다**.

Em ấy muốn hát.   그 동생은 노래하**기를 원한다**.

Họ muốn nhảy.   그들은 춤추**기를 원한다**.

tập thể dục 운동하다 | giảm giá 가격을 깎다 | giảm cân 체중을 감량하다 |
hát 노래하다 | họ 그들 | nhảy 춤추다

2 핵심문법 2단계

★ 무언가를 원하지 않는 경우 muốn의 부정형인 không muốn을 동사 앞에 붙여 '~하고 싶지 않다'로 표현할 수 있어요.

주어 + **không muốn** + **동사**

Tôi   **không muốn**   **học**
나는   ~하고 싶지 않다   공부하다

Tôi **không muốn** tập thể dục.   나는 운동하고 **싶지 않다.**

Chị ấy **không muốn** giảm giá.
그 언니/누나는 가격을 깎고 싶어 **하지 않는다.**

Tôi **không muốn** giảm cân.   나는 살을 빼고 **싶지 않다.**

★ 어떤 행동을 원하는지 물어보고 싶은 경우 'muốn + 동사' 뒤에 'không?'을 붙여 '~하고 싶어요?'로 물을 수 있어요.

주어 + **muốn** + **동사** + **không?**

Chị   muốn   **học**   không?
언니/누나는   ~하고 싶다   공부하다   ~해요?

Anh muốn tập thể dục không?   오빠/형은 운동하고 **싶어요?**

Em muốn hát không?   동생은 노래하기를 **원해?**

Họ muốn nhảy không?   그들은 춤추기를 **원해요?**

3 실생활 문장 익히기 ✦✧

 긍정문, 부정문, 의문문을 확인하며 예문을 따라 읽어 보세요.

Tôi **muốn** kiếm tiền. 나는 돈을 벌고 싶어요.

Tôi **muốn** mang về. 나는 테이크아웃하고 싶어요.

Tôi **muốn** ngồi. 나는 앉고 싶어요.

Tôi **không muốn** kiếm tiền. 나는 돈을 벌고 싶지 않아요.

Tôi **không muốn** mang về. 나는 테이크아웃하고 싶지 않아요.

Tôi **không muốn** ngồi. 나는 앉고 싶지 않아요.

Anh **muốn** kiếm tiền **không?** 오빠/형은 돈을 벌고 싶어요?

Chị **muốn** mang về **không?**
언니/누나는 테이크아웃하고 싶어요?

Em **muốn** ngồi **không?** 동생은 앉고 싶어?

Gia đình anh **muốn** chuyển nhà **không?**
오빠/형 가족은 이사하기를 원해요?

kiếm tiền 돈을 벌다 | mang về 테이크아웃하다 | ngồi 앉다 |
chuyển nhà 이사하다

4 확인 문제 ✦✦

✎ **다음 빈칸을 알맞게 채우세요.**

① 나는 테이크아웃하고 싶어요.

Tôi _____ mang về.

② 나는 앉고 싶지 않아요.

Tôi _____ ngồi.

③ 오빠/형은 돈을 벌고 싶어요?

Anh _____ kiếm tiền _____?

④ 오빠/형 가족은 이사하기를 원해요?

Gia đình anh _____ chuyển nhà _____?

🔊 **다음 문장을 베트남어로 말해 보세요.**

1
나는 운동하고 싶다.

2
나는 운동하고
싶지 않다.

3
오빠/형은 운동하고
싶어요?

조금만 더
화이팅!!

정답은 p187

의무

핵심문법 1단계 ✦✦

★ phải는 '~해야만 한다'의 의미로 동사 앞에 위치하여 강한 의무를 표현해요.

주어 + **phải** + 동사

Tôi   phải   học
나는   ~해야만 하다   공부하다

Tôi phải cố gắng.   나는 노력**해야만 한다.**

Chị phải đợi.   언니/누나는 기다**려야만 한다.**

Anh phải nghỉ.   오빠/형은 쉬어**야만 한다.**

Tôi phải ăn nhiều.   나는 많이 먹어**야만 한다.**

Anh phải nghỉ nhiều.   오빠/형은 많이 쉬어**야만 한다.**

Em phải về nhà.   동생은 집에 가**야만 한다.**

cố gắng 노력하다 | đợi 기다리다 | nghỉ 쉬다

2 핵심문법 2단계 ✨

★ phải보다 약한 의무의 의미를 나타낼 때 '〜하는 게 좋겠다', '〜하는 게
낫다'를 의미하는 nên을 동사 앞에 붙여요.

| 주어 | + | nên | + | 동사 |

Tôi   nên   học
나는   〜하는 게 좋겠다   공부하다

Chị nên đợi.   언니/누나는 기다리는 게 낫다.

Anh nên nghỉ.   오빠/형은 쉬는 게 좋겠다.

Em nên về nhà.   동생은 집에 가는 게 좋겠다.

★ nên의 부정형으로 '〜하지 않는 게 좋겠다' 부정 명령을 완곡히 표현할 때
'không nên'을 동사 앞에 사용해요.

| 주어 | + | không nên | + | 동사 |

Tôi   không nên   học
나는   〜하지 않는 게 좋겠다   공부하다

Chị không nên đợi.   언니/누나는 기다리지 않는 게 좋겠다.

Anh không nên nghỉ.   오빠/형은 쉬지 않는 게 좋겠다.

Em không nên về nhà.   동생은 집에 가지 않는 게 좋겠다.

3 실생활 문장 익히기 ✦

 의무의 의미를 확인하며 아래 문장을 따라 읽어 보세요.

Tôi **phải** khám bệnh. 나는 진찰을 받아야만 해요.

- -

Tôi **phải** uống thuốc. 나는 약을 마셔야만 해요.

- -

Tôi **phải** sử dụng. 나는 사용해야만 해요.

- -

Tôi **phải** học tiếng Việt. 나는 베트남어를 공부해야만 해요.

- -

Tôi **nên** về quê. 나는 고향에 내려가는 게 나아요.

- -

Tôi **nên** gửi email. 나는 이메일을 보내는 게 좋겠어요.

- -

Tôi **nên** chuẩn bị. 나는 준비하는 게 좋겠어요.

- -

Anh **không nên** đi chơi. 오빠/형은 놀러 가지 않는 게 좋겠어요.

- -

Em **không nên** hút thuốc.
동생은 담배를 피우지 않는 게 좋겠어.

- -

Em **không nên** ngủ. 동생은 잠을 자지 않는 게 좋겠어.

khám bệnh 진찰받다 | thuốc 약 | sử dụng 사용하다 | về quê 고향에 가다 |
chuẩn bị 준비하다 | đi chơi 놀러 가다 | hút thuốc 담배 피우다 | ngủ 자다

✎ **다음 빈칸에 알맞은 말을 쓰세요.**

❶ 나는 진찰을 받아야만 해요.

Tôi _____ khám bệnh.

❷ 나는 약을 먹어야만 해요.

Tôi _____ uống thuốc.

❸ 나는 고향에 내려가는 게 나아요.

Tôi _____ về quê.

❹ 동생은 담배를 피우지 않는 게 좋겠어.

Em _____ hút thuốc.

🔊 **다음 문장을 베트남어로 말해 보세요.**

> **1**
> 나는 베트남어를
> 공부해야만 해요.

> **2**
> 나는 준비하는 게
> 좋겠어요.

> **3**
> 동생은 잠을 자지
> 않는 게 좋겠어.

내일도
할거징?

정답 187쪽

Day 3 **가능**

❙ 핵심문법 1단계 ✫✩

★ '~할 수 있다'라는 가능의 의미를 나타낼 때는 동사 앞에 **có thể**를 붙이거나 동사 뒤에 **được**을 붙이면 돼요. **có thể**와 **được**을 동시에 사용할 수도 있고 둘 중 하나만 써도 돼요.

| 주어 | + | **có thể** | + | 동사 | + | **được** |

| **Tôi** | | **có thể** | | **hiểu** | | **được** |
| 나는 | | ~할 수 있다 | | 이해하다 | | |

Tôi có thể hát được. 나는 노래할 **수 있다**.

Tôi có thể bơi được. 나는 수영할 **수 있다**.

Tôi có thể nói tiếng Việt được.
나는 베트남어를 말할 **수 있다**.

Tôi có thể ăn ngò được. 나는 고수를 먹을 **수 있다**.

Tôi có thể uống rượu được. 나는 술을 마실 **수 있다**.

Tôi có thể tốt nghiệp được. 나는 졸업할 **수 있다**.

> **질문에 대한 답변**
> ●
> ✓ 긍정: Vâng / Được
> ✓ 부정: Không / Không được

nói 말하다 | ngò 고수 | rượu 술

★ '~할 수 없다'라는 불가능의 의미는 동사 앞에 không thể 혹은 'không
+ 동사 + được'로 표현할 수 있어요.

주어	+	**không (thể)**	+	동사	+	**được**
Tôi		không (thể)		hiểu		được
나는		~할 수 없다		이해하다		

Tôi không thể nói tiếng Việt được.
나는 베트남어를 말할 **수 없다.**

Tôi không thể ăn ngò được.   나는 고수를 먹을 **수 없다.**

Tôi không thể tốt nghiệp được.   나는 졸업할 **수 없다.**

- -

★ '~할 수 있어요?'라고 가능 여부에 대해 물어볼 때 [핵심 문법 1단계]에서
살펴봤던 '~할 수 있다' 문형 뒤에 'không'을 붙여 표현할 수 있어요.

주어	+	**có thể**	+	동사	+	**được không?**
Anh		có thể		hiểu		được không?
오빠/형은		~할 수 있다		이해하다		~해요?

Anh có thể hát được không?
오빠/형은 노래할 **수 있어요?**

Chị có thể nói tiếng Việt được không?
언니/누나는 베트남어 말할 **수 있어요?**

Em có thể uống rượu được không?
동생은 술 마실 **수 있어?**

3 실생활 문장 익히기 ✦✦

 긍정문, 부정문, 의문문을 확인하며 아래 문장을 따라 읽어 보세요.

Tôi **có thể** ăn thịt gà. 나는 닭고기를 먹을 수 있어요.

Tôi lái xe **được**. 나는 운전할 수 있어요.

Tôi **có thể** nấu ăn **được**. 나는 요리할 수 있어요.

Tôi **không thể** ăn thịt gà. 나는 닭고기를 먹을 수 없어요.

Tôi **không** lái xe **được**. 나는 운전할 수 없어요.

Tôi **không thể** nấu ăn **được**. 나는 요리할 수 없어요.

Anh **có thể** ăn thịt gà **không?**
오빠/형은 닭고기를 먹을 수 있어요?

Chị lái xe **được không?** 언니/누나는 운전할 수 있어요?

Em **có thể** nấu ăn **được không?** 동생은 요리할 수 있어?

Anh dạy tiếng Việt **được không?**
오빠/형은 베트남어를 가르칠 수 있어요?

thịt gà 닭고기 | lái xe 운전하다 | dạy 가르치다

4 확인 문제 ✦✧

✎ **다음 빈칸을 알맞게 채우세요.**

① 나는 운전할 수 있어요.

Tôi lái xe _____.

② 나는 운전할 수 없어요.

Tôi _____ lái xe _____.

③ 언니/누나는 운전할 수 있어요?

Chị lái xe _____?

④ 오빠/형은 베트남어를 가르칠 수 있어요?

Anh dạy tiếng Việt _____?

🔊 **다음 문장을 베트남어로 말해 보세요.**

1
나는 베트남어를
말할 수 있다.

2
나는 베트남어를
말할 수 없다.

3
언니/누나는 베트남어를
말할 수 있어요?

작심삼일
극뽁!

정답은 p187

다섯 번째 잠깐이면 돼

조동사에 대해 공부한 당신
이 정도는 말할 수 있다!

상황 1

카페에 들어가서 커피를 주문한 당신! '나는 테이크아웃하고 싶어요.'
라고 말해 보세요.

➡

_____

상황 2

여러분 모두 베트남어 공부를 열심히 하고 계시네요! 짝!짝!짝! '나는 베
트남어를 말할 수 있어요'라고 자신 있게 외쳐 볼까요?

➡

_____

상황1 : Tôi muốn mang về.
상황2 : Tôi nói tiếng Việt được. (혹은 Tôi có thể nói tiếng Việt. 혹은 Tôi có thể
　　　 nói tiếng Việt được.)

맨날 최선을 다하면 피곤해서 못 살아~
작심삼일만 해도 충분하다니까!

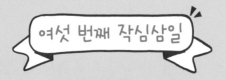

전치사

전치사

'나는 살아요.'라는 문장에서 우리가 얻을 수 있는 정보는 오직 '살아요.' 밖에 없지요? '나는 서울에 살아요.', '나는 가족과 살아요.'와 같이 정보를 더 추가하고 싶을 때는 전치사를 이용하여 내용을 더할 수 있는데요. 오늘 여섯 번째 작심삼일에서는 장소, 시간 등의 전치사를 이용해서 문장의 의미에 정보를 추가하는 방법을 알아보도록 해요!

Day 1 장소

Day 2 시간

Day 3 여러 가지 전치사

Day 1 장소

핵심문법 1단계

★ '∼에', '∼에서'의 의미로 어떤 일이 벌어지는 장소 혹은 물건이 있는 장소를 언급할 때 'ở + 장소'로 표현할 수 있으며 문장 앞뒤에 모두 사용 가능해요.

ở + **장소** = **∼에, ∼에서**

Tôi sống ở Việt Nam.   나는 베트남에 산다.

Chị ấy làm việc ở nhà.   그 언니/누나는 집에서 일한다.

- -

★ 'tại + 장소'도 '∼에', '∼에서' 의미이지만 보다 확실한 장소를 언급할 때 사용해요.

tại + **장소** = **∼에, ∼에서**

Tôi đã sinh ra tại Hà Nội.   나는 하노이에서 태어났다.

Tôi đã lớn lên tại Đà Nẵng.   나는 다낭에서 자랐다.

위치 전치사는 [첫 번째 작심삼일 Day3]를 참고하세요!

sống 살다 | sinh ra 태어나다 | lớn lên 자라다

2 핵심문법 2단계 ✦

★ '~에서(부터)'의 의미를 나타내는 'từ + 장소'는 출발 장소로부터 어떤 행동이 시작되었음을 나타내며 주로 '~까지'의 의미인 'đến + 장소'와 함께 사용돼요.

từ + **장소** = **~에서(부터)**

Tôi đến từ Hàn Quốc. 나는 한국에서 왔다.

Tôi là bác sĩ từ bệnh viện Hàn Quốc.
나는 한국 병원에서 (온) 의사입니다.

đến + **장소** = **~까지**

Tôi đi bộ đến chợ. 나는 시장까지 걸어간다.

Tôi sẽ lên đến tầng 14. 나는 14층까지 올라갈 것이다.

từ + **A(장소)** + **đến** + **B(장소)** = **A부터 B까지**

Từ Hà Nội đến Thành phố Hồ Chí Minh
하노이에서부터 호찌밍 시까지

Từ Hà Nội đến Thành phố Hồ Chí Minh rất xa.
하노이에서부터 호찌밍 시까지 매우 멀다.

> 호찌밍 시는 베트남 국가 영웅인 호찌밍과 구분하기 위해 꼭 'Thành phố(시)'를 붙여야 해요.

đến 오다 | bác sĩ 의사 | bệnh viện 병원 | đi bộ 걷다 | chợ 시장 | lên 오르다 | tầng 층 | Thành phố 시 | rất 매우 | xa 먼

3 실생활 문장 익히기 ✦✧

 장소 전치사의 의미를 확인하며 예문을 따라 읽어 보세요.

Tôi gặp bạn **ở** công viên. 나는 공원에서 친구를 만나요.

Chúng tôi ăn cơm **ở** nhà hàng. 우리는 식당에서 밥을 먹어요.

Anh ấy mua sắm **ở** siêu thị. 그 오빠/형은 마트에서 쇼핑해요.

Sinh viên học **ở** trường đại học.
대학생은 대학교에서 공부해요.

Chị ấy sống **tại** ký túc xá. 그 언니/누나는 기숙사에서 살아요.

Tôi uống cà phê **tại** quán cà phê.
나는 카페에서 커피를 마셔요.

Từ đây **đến** đó không xa. 여기서부터 거기까지 안 멀어요.

Từ đây **đến** nhà tôi xa. 여기서부터 나의 집까지 멀어요.

Từ Hàn Quốc **đến** Việt Nam mất 5 tiếng.
한국에서부터 베트남까지 5시간 걸려요.

Từ đây **đến** ký túc xá mất 1 tiếng.
여기서부터 기숙사까지 1시간 걸려요.

trường đại học 대학교 | **ký túc xá** 기숙사 | **quán cà phê** 카페 |
mất (시간이) 걸리다 | 숫자+**tiếng** ~시간

4 확인 문제

✎ **다음 빈칸을 알맞게 채우세요.**

① 나는 공원에서 친구를 만나요.

Tôi gặp bạn _____ công viên.

② 대학생은 대학교에서 공부해요.

Sinh viên học _____ trường đại học.

③ 그 언니/누나는 기숙사에서 살아요.

Chị ấy sống _____ ký túc xá.

④ 여기서부터 기숙사까지 1시간 걸려요.

_____ đây _____ ký túc xá mất 1 tiếng.

🔊 **다음 문장을 베트남어로 말해 보세요.**

> **1**
> 나는 베트남에 산다.

> **2**
> 나는 시장까지
> 걸어간다.

> **3**
> 여기서부터 나의
> 집까지 멀어요.

조금만 더
화이팅!!!

정답은 p187 ▶

시간

핵심문법 1단계 ✨

★ '시(時)'와 '분(分)'과 관련된 시간의 전치사는 lúc(~에)예요. 시는 giờ, 분은 phút이며 순서는 giờ, phút 순으로 쓰는데 phút은 생략하기도 해요.

lúc + **숫자 giờ 숫자 (phút)** = **~시 ~분에**

Tôi học lúc 1 giờ 10 phút. 나는 1시 10분에 공부한다.

Tôi đi làm lúc 8 giờ sáng. 나는 아침 8시에 일하러 간다.

Tôi về nhà lúc 12 giờ 30 trưa.
나는 점심 12시 30분에 집에 간다.

Tôi uống cà phê lúc 2 giờ chiều.
나는 오후 2시에 커피를 마신다.

Tôi xem tivi lúc 8 giờ tối.
나는 저녁 8시에 TV를 본다.

Tôi ngủ lúc 12 giờ 30 đêm.
나는 밤 12시 30분에 잔다.

> 시간 다음에 시간대를 써서 시간대를 구분할 수 있으며 이때는 buổi (ban)을 생략해요.
> 5 giờ buổi sáng (×)
> → 5 giờ sáng (○)
>
> 밤
> (23:00~24:59)
> ban đêm
>
> 아침
> (01:00~10:59)
> buổi sáng
>
> 저녁
> (19:00~22:59)
> buổi tối
>
> 점심
> (11:00~12:59)
> buổi trưa
>
> 오후
> (13:00~18:59)
> buổi chiều

giờ 시 | phút 분 | đi làm 일하러 가다 | sáng 아침 | về nhà 집에 가다 | trưa 점심 | chiều 오후 | tối 저녁 | đêm 밤

2 핵심문법 2단계 ✦✧

★ giờ, phút 외의 날짜, 요일에는 전치사 vào(~에)를 사용해요. 날짜의 경우 '일(ngày), 월(tháng), 년(năm)' 순으로 쓰며 숫자를 뒤에 써요.

vào + **ngày 숫자(일)** **tháng 숫자(월)** **năm 숫자(년)**

= **~년 ~월 ~일에**

Tôi học vào ngày 10 tháng 1. 나는 1월 10일에 공부한다.

Tôi đi Việt Nam vào ngày 6 tháng 5.
나는 5월 6일에 베트남에 간다.

Tôi đi làm vào ngày 2 tháng 8 năm 2021.
나는 2021년 8월 2일에 일하러 간다.

vào + **요일** = **~요일에**

Tôi học vào chủ nhật. 나는 일요일에 공부한다.

Tôi đi Việt Nam vào thứ ba. 나는 화요일에 베트남에 간다.

Tôi đi làm vào thứ tư. 나는 수요일에 일하러 간다.

요일

일요일	월요일	화요일	수요일	목요일	금요일	토요일
chủ nhật	thứ hai	thứ ba	thứ tư	thứ năm	thứ sáu	thứ bảy

3 실생활 문장 익히기 ✩

 시간 전치사의 의미를 확인하며 아래 문장을 따라 읽어 보세요.

Tôi thức dậy **lúc** 7 giờ sáng. 나는 아침 7시에 일어나요.

Tôi ăn sáng **lúc** 9 giờ. 나는 9시에 아침 먹어요.

Tôi đi uống cà phê **lúc** 2 giờ chiều.
나는 오후 2시에 커피 마시러 가요.

Tôi tan làm **lúc** 5 giờ chiều. 나는 오후 5시에 퇴근해요.

Máy bay cất cánh **lúc** 8 giờ 30 tối.
비행기는 저녁 8시 30분에 이륙해요.

Tôi mở tiệc **vào** ngày 2 tháng 4.
나는 4월 2일에 파티를 열어요.

Chúng tôi sẽ đến **vào** ngày 9 tháng 12.
우리는 12월 9일에 도착할 거예요.

Tôi đã thôi việc **vào** ngày 23 tháng 3.
나는 3월 23일에 일을 그만뒀어요.

Bưu điện đóng cửa **vào** chủ nhật.
우체국은 일요일에 문 닫아요.

Trời sẽ mưa **vào** thứ năm. 목요일에 비 올 거예요.

ăn sáng 아침 먹다 | tan làm 퇴근하다 | máy bay 비행기 | cất cánh 이륙하다 |
mở tiệc 파티 열다 | thôi việc 일을 그만두다 | đóng cửa 문 닫다

4 확인 문제 ✧✧

✎ **다음 빈칸에 알맞은 말을 쓰세요.**

❶ 나는 9시에 아침 먹어요.

　Tôi ăn sáng _____ 9 giờ.

❷ 비행기는 저녁 8시 30분에 이륙해요.

　Máy bay cất cánh _____ 8 giờ 30 tối.

❸ 나는 3월 23일에 일을 관뒀어요.

　Tôi đã thôi việc _____ ngày 23 tháng 3.

❹ 우체국은 일요일에 문 닫아요.

　Bưu điện đóng cửa _____ chủ nhật.

여섯 번째 강의실

🔊 **다음 문장을 베트남어로 말해 보세요.**

> **1**
> 나는 아침 7시에
> 일어나요.

> **2**
> 우리는 12월 9일에
> 도착할 거예요.

> **3**
> 목요일에
> 비 올 거예요.

내일도
할꺼징?!

정답 187쪽

▮ 핵심문법 1단계 ✧✦

★ với는 '~와'를 의미하며 어떤 행위를 함께 하는 대상을 언급할 때 사용해요.

với **+** **명사** **=** **~와**

Tôi học với bạn. 나는 친구와 공부한다.

Tôi ăn cơm với người quen. 나는 지인과 밥을 먹는다.

Tôi xem phim với gia đình. 나는 가족과 영화를 본다.

- -

★ cho는 '~을 위해, ~에게'를 의미하며 어떤 행동이 미치는 대상을 나타낼 때 사용해요.

cho **+** **명사** **=** **~을 위해/~에게**

Tôi nói cho bạn. 나는 친구에게 말한다.

Bà tôi đặt tên cho con tôi.
내 할머니가 내 자식에게 이름을 지어 주신다.

Tôi làm việc cho gia đình. 나는 가족을 **위해** 일한다.

người quen 지인 | đặt tên 이름 짓다

2 핵심문법 2단계 ✦

★ về는 '~에 대해'를 의미하며 해당 대상 앞에 사용해요.

về + 명사 = ~에 대해

Tôi nói về văn hóa Việt Nam.
나는 베트남 문화에 대해 말한다.

Tôi hiểu biết về văn hóa Việt Nam.
나는 베트남 문화에 대해 안다.

Chị ấy lo lắng về gia đình.
그 언니/누나는 가족에 대해 걱정한다.

★ bằng은 '~로'를 의미하며 수단이나 방법 앞에 사용해요.

bằng + 명사 = ~로

Tôi đi bằng xe buýt. 나는 버스로 간다.

Tôi ăn bằng đũa. 나는 젓가락으로 먹는다.

Bàn được làm bằng gỗ. 책상은 목재로 만들어진다.

>  **Tip** làm은 세 가지 뜻이 있어요.
> ....
> 1. 하다 → Tôi làm bài tập. 나는 숙제를 한다.
> 2. 일하다 → Tôi làm ở công ty. 나는 회사에서 일한다.
> 3. 만들다 → Bàn được làm bằng gỗ. 책상은 목재로 만든다.

văn hóa 문화 | hiểu biết 이해하다 | lo lắng 걱정하는 | đũa 젓가락 | bàn 책상 |
được làm 만들어지다 | gỗ 목재

3 실생활 문장 익히기 ✦✦

 여러 가지 전치사의 의미를 확인하며 아래 문장을 따라 읽어 보세요.

Tôi nói chuyện **với** bạn. 나는 친구와 대화해요.

Tôi muốn làm quen **với** anh ấy. 나는 그 오빠와 사귀고 싶어요.

Tôi thích chơi **với** con mèo. 나는 고양이와 노는 것을 좋아해요.

Tôi gửi thư **cho** anh. 나는 오빠/형에게 편지를 보내요.

Anh ấy đưa tiền **cho** tôi.
그 오빠/형은 나에게 돈을 건네요.

Tôi kiếm tiền **cho** gia đình. 나는 가족을 위해 돈을 벌어요.

Tôi không biết **về** món ăn Việt Nam.
나는 베트남 음식에 대해 몰라요.

Tôi không muốn nói **về** việc này.
나는 이 일에 대해 말하고 싶지 않아요.

Tôi đi học **bằng** xe máy.
나는 오토바이로(오토바이 타고) 공부하러 가요.

Cơm được làm **bằng** gạo. 밥은 쌀로 만들어져요.

nói chuyện 대화하다 | làm quen 사귀다 | thích 좋아하다 | chơi 놀다 |
gửi thư 편지를 보내다 | đưa 건네다 | món ăn 음식 | việc 일 | gạo 쌀

4 확인 문제 ✶✩

✎ **다음 빈칸을 알맞게 채우세요.**

① 나는 고양이와 노는 것을 좋아해요.

Tôi thích chơi _____ con mèo.

② 그 오빠/형은 나에게 돈을 건네요.

Anh ấy đưa tiền _____ tôi.

③ 나는 이 일에 대해 말하고 싶지 않아요.

Tôi không muốn nói _____ việc này.

④ 밥은 쌀로 만들어져요.

Cơm được làm _____ gạo.

🔊 **다음 문장을 베트남어로 말해 보세요.**

> **1**
> 나는 친구와
> 대화해요.

> **2**
> 나는 오빠/형에게
> 편지를 보내요.

> **3**
> 나는 오토바이로
> 공부하러 가요.

작심삼일 극뽁!

정답은 p188

전치사에 대해 공부한 당신
이 정도는 말할 수 있다!

상황 1

저녁을 밖에서 먹자고 하는 가족들! 하지만 오늘 당신의 몸 상태가 좋지 않습니다. '나는 집에서 밥 먹고 싶어요.'라고 말해 보세요.

➡

상황 2

오늘은 중요한 면접 날! 아침잠이 많은 당신을 위해 친구가 아침에 전화해서 깨워 준다고 합니다. '나는 6시에 일어나야 해.'라고 말해 보세요.

➡

상황1 : Con muốn ăn cơm ở nhà.
상황2 : Tớ/Mình phải thức dậy lúc 6 giờ.

뭐하러 꾸준히 해?

3일씩만 열심히 할 건데...?

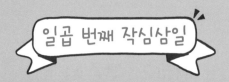

일곱 번째 작심삼일

접속사, 조사

接속사, 조사

'나는 사과를 좋아해요. 나는 딸기를 좋아해요.'라는 두 문장을 '나는 사과와 딸기를 좋아해요.'라고 한 문장으로 이어주는 것은 바로 '~와'예요. 이렇듯 문장과 문장을 연결하는 접속사를 통해 효율적인 의사 전달이 가능해지겠죠? 일곱 번째 작심삼일에서는 접속사와 문장의 의미를 살려주는 조사까지 함께 배워 보도록 해요!

일곱 번째 작심삼일

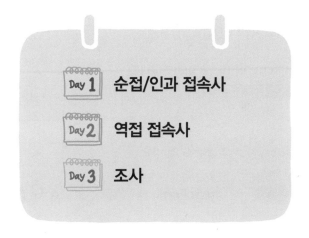

Day 1	순접/인과 접속사
Day 2	역접 접속사
Day 3	조사

순접/인과 접속사

▌ 핵심문법 1단계 ✦✦

★ 순접 접속사는 앞뒤 문장의 내용이 상반되지 않고 이어지는 경우에 사용해요. 먼저 '~와', '그리고'를 의미하는 'và'를 살펴볼까요!

A + **và** + B = A와 B

Tôi sẽ học tiếng Việt và tiếng Anh.
나는 베트남어와 영어를 공부할 것이다.

Tôi xem phim và nghe nhạc.
나는 영화를 보고 음악을 듣는다.

- -

★ 'hoặc/hay'는 '~나', '혹은'을 의미해요.

A + **hoặc/hay** + B = A 혹은 B

Tôi sẽ học tiếng Việt hoặc tiếng Anh.
나는 베트남어나 영어를 공부할 것이다.

Tôi xem phim hoặc nghe nhạc.
나는 영화를 보거나 음악을 듣는다.

nghe nhạc 음악 듣다

2 핵심문법 2단계 ✨

★ 인과 접속사는 원인과 결과를 이어줘요. '왜냐하면 ~', '~하기 때문에'를 의미하는 'vì ~', 'bởi vì ~'는 원인을 설명할 때 사용해요.

vì/bởi vì + **A(원인)** = **왜냐하면 A하기 때문에**

Tôi về nhà vì mệt. 나는 피곤하기 **때문에** 집에 간다.

Tôi học vì tiếng Việt thú vị.
베트남어가 재미있기 **때문에** 나는 공부한다.

Tôi không đi vì bị cảm. 왜냐하면 감기에 걸렸기 **때문에** 안 간다.

- -

★ nên은 '그래서'의 의미로 앞에 'Vì/Bởi vì'가 오기도 해요.

(**Vì/Bởi vì** +) **A(원인)** + **nên** + **B(결과)**

= **A해서 B하다**

(Vì) mệt nên tôi về nhà. 나는 피곤해서 집에 간다.

Tiếng Việt thú vị nên tôi học.
베트남어가 재미있**어서** 나는 공부한다.

Bị cảm nên tôi không đi. 감기에 걸려서 가지 않는다.

mệt 피곤한 | thú vị 재밌는 | bị cảm 감기에 걸리다

3 실생활 문장 익히기 ✦✧

 순접/인과 접속사의 의미를 확인하며 예문을 따라 읽어 보세요.

Chị dễ thương **và** đẹp. 언니/누나는 귀엽고 예뻐요.

Xe ô tô an toàn **và** tiện. 자동차는 안전하고 편리해요.

Anh ấy thích bóng đá **và** bóng chày.
그 오빠/형은 축구와 야구를 좋아해요.

Tôi học ở quán cà phê **hoặc** thư viện.
나는 카페나 도서관에서 공부해요.

Tôi muốn ăn bánh mì **hay** mì. 나는 빵이나 면이 먹고 싶어요.

Quán này mở cửa lúc 7 giờ **hoặc** 8 giờ.
이 가게는 7시나 8시에 문 열어요.

Tôi không đi ra ngoài được **vì** trời mưa.
비가 오기 때문에 밖에 나갈 수 없어요.

Tôi cô đơn **vì** không có bạn trai.
나는 남자 친구가 없기 때문에 외로워요.

Trời mưa **nên** không đi ra ngoài được.
비가 와서 밖에 나갈 수 없어요.

Tôi không có bạn trai **nên** cô đơn.
나는 남자 친구가 없어서 외로워요.

dễ thương 귀여운 | xe ô tô 자동차 | an toàn 안전한 | tiện 편리한 | bóng đá
축구 | bóng chày 야구 | thư viện 도서관 | bánh mì 빵 | mì 국수 | quán 가게 |
mở cửa 문 열다 | cô đơn 외로운

4 확인 문제 ✦✦

✎ **다음 빈칸을 알맞게 채우세요.**

① 자동차는 안전하고 편리해요.

Xe ô tô an toàn _____ tiện.

② 이 가게는 7시나 8시에 문 열어요.

Quán này mở cửa lúc 7 giờ _____ 8 giờ.

③ 비가 오기 때문에 밖에 나갈 수 없어요.

Tôi không đi ra ngoài được _____ trời mưa.

④ 나는 남자 친구가 없어서 외로워요.

Tôi không có bạn trai _____ cô đơn.

🔊 **다음 문장을 베트남어로 말해 보세요.**

> **1**
> 나는 베트남어와
> 영어를 공부할 것이다.

> **2**
> 나는 영화를 보거나
> 음악을 듣는다.

> **3**
> 베트남어가 재미있어서
> 나는 공부한다.

조금만 더
화이팅!!

정답은 p188 ➤

역접 접속사

▌ 핵심문법 1단계 ✦

★ 앞의 내용과 상반되거나 부정하는 내용을 이어 줄 때 '하지만', '그러나'를 의미하는 nhưng/nhưng mà를 사용해요.

A + **nhưng/nhưng mà** + **B** = **A지만 B**

Chị ấy đẹp nhưng không hiền.
그 언니/누나는 예쁘**지만** 착하지 않다.

Chị ấy đẹp nhưng ích kỷ.
그 언니/누나는 예쁘**지만** 이기적이다.

Tiếng Anh thú vị nhưng khó. 영어는 재미있**지만** 어렵다.

Tiếng Việt thú vị nhưng không dễ.
베트남어는 재미있**지만** 쉽지 않다.

Tôi đói nhưng mà không ăn. 나는 배고프**지만** 안 먹는다.

Tôi muốn ăn nhưng mà không nên ăn.
나는 먹고 싶**지만** 먹어서는 안 된다.

---

hiền 착한 | ích kỷ 이기적인 | khó 어려운 | dễ 쉬운 | đói 배고픈

★ 역접 접속사 nhưng은 '비록'의 의미인 tuy/dù/mặc dù와 함께 쓰여 '비록 ~임에도 불구하고 ~하다/~일지라도 ~하다'의 양보 구문으로 사용할 수 있어요.

tuy/dù/mặc dù + **A** + **nhưng** + **B**

= **비록 A일지라도 B하다**

Chị ấy tuy đẹp nhưng không hiền.
그 언니/누나는 **비록** 예쁠**지라도** 착하지 않다.

Chị ấy tuy đẹp nhưng ích kỷ.
그 언니/누나는 **비록** 예쁠**지라도** 이기적이다.

Tiếng Anh dù thú vị nhưng khó.
영어는 **비록** 재미있을**지라도** 어렵다.

Tiếng Việt dù thú vị nhưng không dễ.
베트남어는 **비록** 재미있을**지라도** 쉽지 않다.

Tôi mặc dù đói nhưng không ăn.
나는 **비록** 배고픔에도 **불구하고** 안 먹는다.

Tôi mặc dù muốn ăn nhưng không ăn.
나는 **비록** 먹고 싶음에도 **불구하고** 안 먹는다.

3 실생활 문장 익히기 ✦

역접 접속사의 의미를 확인하며 아래 문장을 따라 읽어 보세요.

Tôi muốn đi du lịch **nhưng** không có tiền.

나는 여행 가고 싶지만 돈이 없어요.

- -

Tôi trẻ **nhưng** muốn có kinh nghiệm nhiều.

나는 어리지만 경험을 많이 하고 싶어요.

- -

Món ăn này ngon **nhưng** nguội rồi.

이 음식은 맛있지만 식었어요.

- -

Tôi thích ngọt **nhưng mà** không thích kẹo.

나는 단것을 좋아하지만 사탕을 싫어해요.

- -

Cái này tốt **nhưng mà** đắt. 이것은 좋지만 비싸요.

- -

Chúng tôi **tuy** không giỏi **nhưng** tự tin.

우리는 비록 잘하지 못할지라도 자신감이 있어요.

- -

Anh ấy **tuy** béo **nhưng** đẹp trai.

그 오빠/형은 비록 뚱뚱할지라도 잘생겼어요.

- -

Phim này **dù** tàn nhẫn **nhưng** thú vị.

이 영화는 비록 잔인하지만 재밌어요.

- -

Mặc dù mệt **nhưng** tôi sẽ cố gắng.

비록 피곤할지라도 나는 노력할 거예요.

---

trẻ 어린 | kinh nghiệm 경험 | nguội 식은 | ngọt (맛이) 달다 | kẹo 사탕 | tự tin
자신감이 있는 | béo 뚱뚱한 | đẹp trai 잘생긴 | tàn nhẫn 잔인한

4 확인 문제 ✧

✎ 다음 빈칸에 알맞은 말을 쓰세요.

① 나는 어리지만 경험을 많이 하고 싶어요.

Tôi trẻ _____ muốn có kinh nghiệm nhiều.

② 이 음식은 맛있지만 식었어요.

Món ăn này ngon _____ nguội rồi.

③ 우리는 비록 잘하지 못할지라도 자신감이 있어요.

Chúng tôi _____ không giỏi _____ tự tin.

④ 이 영화는 비록 잔인하지만 재밌어요.

Phim này _____ tàn nhẫn _____ thú vị.

실력 쑥쑥 다지기

🔊 다음 문장을 베트남어로 말해 보세요.

1
나는 여행 가고
싶지만 돈이 없어요.

2
이것은 좋지만
비싸요.

3
비록 피곤할지라도
나는 노력할 거예요.

내일도
할거징?

정답 188쪽

조사

✦ 핵심문법 1단계 ✦✦

★ mà를 문장 끝에 붙이면 '~한데', '~하잖아'와 같은 의미를 나타내며 문장 전체 의미를 강조할 수 있어요.

주어 **+** 술어 **+** **mà** **=** ~한데요

Tiếng Việt thú vị mà.　베트남어는 재미있**는데요.**

Cái này đẹp mà.　이것은 예**쁜데요.**

Tôi là người Hàn Quốc mà.　나는 한국인**인데요.**

- -

★ chứ는 '~하죠'의 의미로 당연한 일에 대해 대답(평서문)하거나 긍정 답변을 듣기를 원하는 질문을 할 때(의문문) 모두 사용돼요.

주어 **+** 술어 **+** **chứ** **=** (당연히) ~하죠

Tiếng Việt thú vị chứ.　베트남어는 (당연히) 재미있**죠.**

Cái này đẹp chứ.　이것은 (당연히) 예**쁘죠.**

Bạn là người Hàn Quốc chứ?　당신은 (당연히) 한국인이**죠?**

2 핵심문법 2단계 ✦✧

★ '~nhỉ'는 문장 끝에 붙어 '~하지', '~하지 않니', '~하구나'의 의미로 상대
  방에게 동의나 동조를 구할 때 사용돼요.

주어 + 술어 + **nhỉ** = ~하지요

Tiếng Việt thú vị nhỉ. 베트남어는 재미있지요.

Cái này đẹp nhỉ? 이것은 예쁘지 않니?

Bạn là người Hàn Quốc nhỉ. 당신은 한국인이군요.

- -

★ '~nhé'를 문장 끝에 붙여 상대방에게 가벼운 명령(~하세요), 제안(~해
  요), 통보(~할게요)를 부드럽게 표현할 수 있어요. 명령인 경우 주어는 상
  대방이며, 제안인 경우 주어는 '우리(chúng ta)'를 쓰고 통보인 경우 주어
  는 '나(tôi)'가 돼요.

상대방 + 술어 + **nhé!** = 당신은 ~하세요!

Bạn làm việc nhé! 당신은 일하세요!

> 이 두 경우를 좀 더
> 직설적으로 전달할 때
> nhé 대신 đi로 바꿔
> 사용 가능해요.

Chúng ta + 술어 + **nhé!** = 우리 ~해요!

Chúng ta làm việc nhé! 우리 일해요!

Tôi + 술어 + **nhé!** = 나 ~할게요!

Tôi làm việc nhé! 나 일할게요!

Day 3 · 조사 **127**

3 실생활 문장 익히기

 조사의 의미를 확인하며 아래 문장을 따라 읽어 보세요.

Tôi biết rồi **mà**. 나는 이미 알고 있는데요.

Tôi sẽ đến muộn **mà**. 나는 늦게 도착할 건데요.

Anh đi uống cà phê với tôi **chứ**?
오빠/형은 나와 (당연히) 커피 마시러 갈 거죠?

Tiếng Việt dễ **chứ**. 베트남어는 (당연히) 쉽지요.

Hôm nay nóng quá **nhỉ**! 오늘 너무 덥지 않니!

Giờ này tắc đường quá **nhỉ**!
이 시간대는 차가 너무 막히지 않니!

Chúng ta học tiếng Việt chăm chỉ **nhé**!
우리 베트남어 공부 열심히 해요!

Tôi đi ăn cơm **nhé**! 나 밥 먹으러 갈게요!

Chúng ta đi điểm du lịch nổi tiếng **đi**!
우리 유명한 여행지에 가자!

Anh nói thật **đi**! 오빠/형은 진실을 말해!

đến muộn 늦게 오다, 늦게 도착하다 | giờ này 이 시간대 | tắc đường 길이
막히다(교통 체증) | điểm du lịch 여행지 | nổi tiếng 유명한 | nói thật 진실을 말
하다

4 확인 문제 ✩✩

✎ **다음 빈칸을 알맞게 채우세요.**

① 나는 이미 알고 있는데요.

Tôi biết rồi _____.

② 오빠/형은 나와 (당연히) 커피 마시러 갈 거죠?

Anh đi uống cà phê với tôi _____?

③ 나 밥 먹으러 갈게요!

Tôi đi ăn cơm _____!

④ 오빠/형은 진실을 말해!

Anh nói thật _____!

🔊 **다음 문장을 베트남어로 말해 보세요.**

1
베트남어는
(당연히) 쉽지요.

2
이것은 예쁘지
않니?

3
나는 이미 알고
있는데요.

작심삼일
극뽁!

정답은 p188

접속사, 조사에 대해 공부한 당신
이 정도는 말할 수 있다!

상황 1

아침에 출근해야 하는데 러시아워로 교통 체증에 걸린 당신! 이대로 가다가는 늦게 생겼는데요. 팀장님에게 '교통 체증 때문에 늦게 도착할 거예요.'라고 말해 보세요.

➡

상황 2

오늘 하루도 무사히 끝! 집에 갈 시간이네요. 동료 혹은 친구에게 '우리 집에 가자!'라고 말해 볼까요?

➡

상황1 : Vì tắc đường nên em sẽ đến muộn.
상황2 : Chúng ta về nhà nhé!

Q : 하루에 얼마나 공부해야 되나요?

됄놈

최대한 많이 하려고 한다.

안될놈

이 질문을 한다.

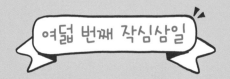

부사

자, 완성입니다.

자기랑 완전 똑같아!!

ㅋㅋㅋ

Bây giờ tôi giận quá!
지금 나는 너무 화나요!

부사

처음 베트남어를 공부하기 시작했을 때 '베트남어는 재미 있다!'였다면 아마도 지금은 '베트남어는 너무 재미있다!' 일 것 같은데요! 이렇게 '너무'와 같이 형용사를 강조하는 부사와 형용사를 이용한 비교급과 빈도 부사까지 살펴보 도록 해요.

Day 1   **형용사 강조**

Day 2   **비교급**

Day 3   **빈도 부사**

133

Day 1 **형용사 강조**

✎ 핵심문법 1단계 ⭒☆

★ 'rất', 'lắm', 'quá'는 '너무', '매우'를 의미해요. rất은 주로 평서문에 쓰고
  lắm과 quá는 감탄문에 쓰는데 각각 쓰이는 위치가 다르니 주의하세요.

주어 **+** **rất** **+** 형용사

Tôi   rất   bận
나는   매우   바쁜

주어 **+** 형용사 **+** **quá/lắm!**

Phở   ngon   lắm!
쌀국수가   맛있는   매우

주어 **+** **quá** **+** 형용사

Cái này   quá   đắt ◂
이것은   매우   비싼

> 남부에서는 '비싼'을
> 주로 mắc이라고
> 표현해요.

bận 바쁜 | ngon 맛있는 | đắt 비싼

2 핵심문법 2단계

★ 'khá'는 '꽤'를 의미하며 보통보다 조금 더한 정도임을 나타낼 때 형용사 앞에 사용해요.

주어 **+** **khá** **+** 형용사

Tôi khá **bận**
나는 꽤 바쁜

Tôi nói tiếng Việt khá giỏi. 나는 베트남어를 **꽤** 잘한다.

Phát âm tôi khá tốt. 내 발음은 **꽤** 좋다.

- -

★ 'hơi'는 형용사 앞에서 '약간'을 의미하며 형용사의 정도가 얼마 되지 않음을 나타내요. 뒤에 오는 형용사의 의미가 부정적인 경우에 주로 사용해요.

주어 **+** **hơi** **+** 형용사

Tôi hơi **bận**
나는 약간 바쁜

Phở này hơi mặn! 이 쌀국수는 **약간** 짜!

Cái này hơi đắt. 이것은 **약간** 비싸다.

giỏi 잘하는 | phát âm 발음 | mặn 짠

3 실생활 문장 익히기 ⭐

 부사의 의미와 위치를 확인하며 예문을 따라 읽어 보세요.

Dạo này tôi **rất** hạnh phúc. 요즘 나는 너무 행복해요.

Anh ấy **rất** hiền. 그 오빠/형은 매우 착해요.

Ở Việt Nam xe máy nhiều **lắm**!
베트남에는 오토바이가 매우 많아!

Nhà hàng đó đông người **lắm**!
그 식당은 사람이 매우 붐벼!

Bây giờ tôi giận **quá**! 지금 나는 너무 화나요!

Nhà này lớn **quá**! 이 집은 너무 크다!

Anh ấy **khá** cao. 그 오빠/형은 꽤 키가 커요.

Điểm của tôi **khá** cao. 나의 점수는 꽤 높아요.

Phát âm này **hơi** khó. 이 발음은 약간 어려워요.

Anh ấy có vẻ **hơi** thất vọng.
그 오빠/형은 약간 실망스러워 보여요.

---

dạo này 요즘 | đông người 사람이 붐비는 | giận 화나다 | cao 키 큰, 높은 |
điểm 점수 | có vẻ + 형용사 ~처럼 보이다 | thất vọng 실망한

4 확인 문제 ✨

✏️ **다음 빈칸을 알맞게 채우세요.**

① 요즘 나는 너무 행복해요.

Dạo này tôi _____ hạnh phúc.

② 베트남에는 오토바이가 매우 많아!

Ở Việt Nam xe máy nhiều _____!

③ 나의 점수는 꽤 높아요.

Điểm của tôi _____ cao.

④ 그 오빠/형은 약간 실망스러워 보여요.

Anh ấy có vẻ _____ thất vọng.

🔊 **다음 문장을 베트남어로 말해 보세요.**

> **1**
> 나는 매우 바쁘다.

> **2**
> 이 집은 너무 크다!

> **3**
> 이것은 약간 비싸다!

조금만 더
화이팅!!!

정답은 p188 ➤

비교급

핵심문법 1단계 ✨

★ 상태와 정도가 비슷함을 나타낼 때 형용사 뒤에 **bằng**을 붙여 '～만큼 ～한'을 표현해요.

형용사 **+** **bằng** **+** 비교 대상 **=** ～만큼～하다

Cái này nhỏ bằng cái kia. 이것은 저것**만큼** 작다.

Thịt gà ngon bằng thịt bò. 닭고기는 소고기**만큼** 맛있다.

- -

★ 상태와 정도가 원래보다 더하거나 덜할 때 형용사 뒤에 **hơn** 혹은 **ít hơn**을 붙여 '더/덜 ～한'을 표현해요.

형용사 **+** **hơn** **+** 비교 대상 **=** ～보다 더～하다

형용사 **+** **ít hơn** **+** 비교 대상 **=** ～보다 덜～하다

Cái này nhỏ hơn cái kia. 이것은 저것**보다 더** 작다.

Thịt gà ngon hơn thịt bò. 닭고기는 소고기**보다 더** 맛있다.

nhỏ 작은 | thịt bò 소고기

★ 형용사의 상태와 정도가 가장 최상임을 나타낼 때 형용사 뒤에 nhất을 붙여 '가장 ~한', '제일 ~한'을 표현해요.

형용사 **+** **nhất** **=** 가장 ~한

Cái này nhỏ nhất. 이것이 **가장** 작다.

Thịt gà ngon nhất. 닭고기가 **가장** 맛있다.

Em tôi thông minh nhất. 내 동생이 **제일** 똑똑하다.

- -

★ 최상급 '형용사 + nhất' 뒤에 'trong(~안에)'나 'ở(~에서)'와 같은 전치사를 사용함으로써 범위를 정해줄 수 있어요.

형용사 **+** **nhất** **+** **trong/ở** **+** 범위, 장소

= ~에서 가장 ~한

Cái này nhỏ nhất ở Hàn Quốc 이것이 한국에서 가장 작다.

Em tôi thông minh nhất trong gia đình.
내 동생이 가족 **중에서** 제일 똑똑하다.

thông minh 똑똑한

3 실생활 문장 익히기 ⭐

 비교급의 의미를 확인하며 아래 문장을 따라 읽어 보세요.

Mùa xuân nóng **bằng** mùa hè. 봄이 여름만큼 더워요.

- -

Cái điện thoại này mỏng **bằng** giấy.
이 전화기는 종이만큼 얇아요.

- -

Phòng này rộng **hơn** phòng tôi.
이 방은 내 방보다 더 넓어요.

- -

Kimchi cay **hơn** phở. 김치는 쌀국수보다 더 매워요.

- -

Cái này rẻ **hơn** cái đó. 이것은 그것보다 더 싸요.

- -

Mùa hè nóng **nhất**. 여름이 가장 더워요.

- -

Cái điện thoại này mỏng **nhất**. 이 전화기가 가장 얇아요.

- -

Phòng này rộng **nhất**. 이 방이 가장 넓어요.

- -

Kimchi cay **nhất trong** các món ăn Hàn Quốc.
한국 음식들 중에서 김치가 가장 매워요.

- -

Cái này rẻ **nhất ở** đây. 여기에서 이것이 가장 싸요.

mùa xuân 봄 | nóng 더운 | mùa hè 여름 | cái điện thoại 전화기 |
mỏng 얇은 | giấy 종이 | rộng 넓은 | cay 매운 | các+명사 ~들 | rẻ 싼

4 확인 문제 ✷

✎ **다음 빈칸에 알맞은 말을 쓰세요.**

① 이 전화기는 종이만큼 얇아요.

Cái điện thoại này mỏng _____ giấy.

② 이 방은 내 방보다 더 넓어요.

Phòng này rộng _____ phòng tôi.

③ 여름이 가장 더워요.

Mùa hè nóng _____.

④ 여기에서 이것이 가장 싸요.

Cái này rẻ _____ _____ đây.

🔊 **다음 문장을 베트남어로 말해 보세요.**

1
이것은 저것만큼 작다.

2
이것은 저것보다 더 작다.

3
이것이 가장 작다.

내일도 할꺼징?

정답 188쪽

빈도 부사

▌ 핵심문법 1단계 ✦

★ 어떤 일이 얼마나 자주 일어나는지 나타낼 때 빈도 부사를 동사 앞에 붙여요.

빈도 부사 **+** **동사**

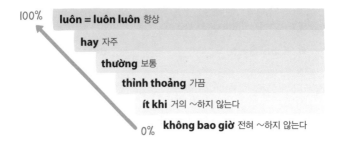

100%
luôn = luôn luôn 항상
hay 자주
thường 보통
thỉnh thoảng 가끔
ít khi 거의 ~하지 않는다
0% **không bao giờ** 전혀 ~하지 않는다

Tôi luôn luôn học tiếng Việt. 나는 **항상** 베트남어를 공부한다.

hay	**자주**
thường	**보통**
thỉnh thoảng	**가끔**
ít khi	**거의** 베트남어 공부를 **안** 한다.
không bao giờ	**전혀** 베트남어 공부를 **안** 한다.

★ 'hay(자주)'를 이용해서 동사가 행해지는 빈도에 대해 물어볼 수 있어요.

주어	+	**hay**	+	동사	+	**không?**
Anh		hay		**học tiếng Việt**		không?
오빠/형은		자주		베트남어 공부하다		~해요?

Chị hay tập thể dục không? 언니/누나는 **자주** 운동해요?

Em hay nghỉ không? 동생은 **자주** 쉬어?

- -

★ 빈도 부사 'luôn luôn(항상)', 'thỉnh thoảng(가끔)', 'không bao giờ (전혀 ~하지 않다)'는 동사 없이 단독적으로도 사용 가능해요.

A Anh hay học tiếng Việt không?
오빠/형은 자주 베트남어 공부해요?

B Luôn luôn. **항상**.

A Chị hay tập thể dục không?
언니/누나는 자주 운동해요?

B Thỉnh thoảng. **가끔**.

A Em hay nghỉ không? 동생은 자주 쉬어?

B Không bao giờ. **전혀요**.

3 실생활 문장 익히기 ✦✦

 빈도 부사의 의미를 확인하며 아래 문장을 따라 읽어 보세요.

Thứ bảy tôi **luôn luôn** đi xem phim với gia đình.
토요일에 나는 항상 가족과 영화 보러 가요.

Cái này **hay** bị hỏng.   이것은 자주 고장나요.

Cuối tuần anh ấy **thường** đi chơi gôn.
주말에 그 오빠/형은 보통 골프 치러 가요.

Chúng tôi **thỉnh thoảng** cãi nhau.   우리는 가끔 말싸움해요.

Khi làm việc, tôi **ít khi** xem điện thoại.
일할 때, 나는 거의 휴대폰을 보지 않아요.

Tôi **không bao giờ** ngủ muộn.   나는 절대 늦잠 자지 않아요.

Anh **hay** đi xem phim **không**?
오빠/형은 자주 영화 보러 가요?

Chị **hay** đi chơi gôn **không**?
언니/누나는 자주 골프 치러 가요?

Em **hay** ngủ muộn **không**?   동생은 자주 늦잠 자니?

Thỉnh thoảng.   가끔이요.

bị hỏng 고장나다 | cuối tuần 주말 | chơi gôn 골프치다 | cãi nhau 말싸움하다 |
khi + 형용사/동사 ~할 때 | ngủ muộn 늦잠 자다

✎ **다음 빈칸을 알맞게 채우세요.**

① 토요일에 나는 항상 가족과 영화 보러 가요.

Thứ bảy tôi _____ đi xem phim với gia đình.

② 주말에 그 오빠/형은 보통 골프 치러 가요.

Cuối tuần anh ấy _____ đi chơi gôn.

③ 우리는 가끔 말싸움해요.

Chúng tôi _____ cãi nhau.

④ 나는 절대 늦잠 자지 않아요.

Tôi _____ ngủ muộn.

🔊 **다음 문장을 베트남어로 말해 보세요.**

1

나는 항상 베트남어 공부를 한다.

2

나는 가끔 베트남어 공부를 한다.

3

오빠/형은 자주 베트남어 공부를 해요?

정답은 p188

작심삼일 극복!

빈도 부사에 대해 공부한 당신
이 정도는 말할 수 있다!

상황 1

시장에 가서 쇼핑 중인 당신! 마음에 드는 물건을 발견하고 가격을 물었는데 생각보다 가격이 비싸네요! '너무 비싸요!'라고 말해 보세요.

➡ _____

상황 2

취미가 '영화 보기'라고 하는 오빠/형에게 '자주 영화 보러 가세요?'라고 어떻게 물어볼 수 있을까요?

➡ _____

상황1 : Đắt quá!
상황2 : Anh hay đi xem phim không?

오늘은 여기까지!
더 하다간 천재되겠어!

의문사 1

의문사 I

처음 만난 사람과 인사를 나누고 통성명을 할 때 이름이 '무엇'인지 물어보죠? 이렇게 무언가를 물어볼 때는 다양한 의문사가 쓰이는데요. 아홉 번째 작심삼일에서는 '무엇', '어느', '누구', '어디'를 의미하는 의문사와 그 활용법에 대해 살펴보도록 해요.

Day 1   **무엇, 어느**

Day 2   **누구**

Day 3   **어디**

무엇, 어느

✦ 핵심문법 1단계 ✧

★ '무엇(what)'에 해당하는 의문사는 'gì'예요. 동사 뒤에 gì가 위치할 때는
'주어가 무엇을 하는지' 묻고, là 뒤에 gì가 위치할 때는 '주어가 무엇인지'
묻는 의미로 해석돼요.

주어 + **동사** + **gì?**

Chị　　xem　　gì?
언니/누나는　　보다　　무엇을?

A　Anh muốn ăn gì?　오빠/형은 **무엇**을 먹고 싶어요?

B　Anh muốn ăn phở.　오빠/형은 쌀국수를 먹고 싶어.

A　Anh làm gì?　오빠/형은 **무엇**을 일해요? (무슨 일해요?)

B　Anh là bác sĩ.　오빠/형은 의사야.

> 답할 때 tôi보다는 상대방이 불러 준 인칭으로 '나'를 대신하면 더 친근한 느낌을 전달할 수 있어요.

주어 + **là** + **gì?**

Cái này　　là　　gì?
이것은　　～이다　　무엇?

A　Tên của anh là gì?　오빠/형의 이름은 **무엇**이에요?

B　Anh là Kim.　오빠/형은 김이야.

2 핵심문법 2단계 ✦

★ 'gì'가 명사 뒤에 위치하는 경우 '무슨'의 의미로, 불특정한 명사에 대해 '무슨 명사?'라고 물어볼 때 사용해요.

명사 + **gì?**

Món   gì?
음식   무슨?

Phim gì? **무슨** 영화요?

Nước hoa gì? **무슨** 향수요?

> 식당 가기 전에 '무슨 음식 먹을래?'는 선택할 수 있는 음식들이 있는 상태가 아니므로 'Món gì?'를 쓰고, 식당 도착 후 선택할 수 있는 음식을 메뉴로 볼 때는 'Món nào?'라고 써요!

- -

★ 'nào'는 명사 뒤에만 위치하며 '어느'의 의미로 여러 선택 사항이 있는 상황에서 명사에 대해 '어느 명사?'라고 물어볼 때 사용해요.

명사 + **nào?**

Món   nào?
음식   어느?

Phim nào? 어느 영화요?

Nước hoa nào? 어느 향수요?

nước hoa 향수

3 실생활 문장 익히기 ✬

 의문사 gì와 nào의 의미를 확인하며 예문을 따라 읽어 보세요.

Anh muốn gì? 오빠/형은 무엇을 원해요?

Chị đang nấu ăn gì?
언니/누나는 무엇을 요리하고 있는 중이에요?

Em sẽ làm gì ở Việt Nam? 동생은 베트남에서 뭘 할 거야?

Cái kia là gì? 저것이 뭐예요?

Từ này có nghĩa là gì? 이 단어가 지닌 의미가 뭐예요?

Đường này tên là gì? 이 길 이름이 무엇이에요?

Có chuyện gì vậy? 무슨 일 있어요?

Anh thích món nào nhất?
오빠/형은 어느 음식을 가장 좋아해요?

Chị đã gọi món nào? 언니/누나는 어느 음식을 주문했어요?

Anh là người nước nào? 오빠/형은 어느 나라 사람이에요?

từ 단어 | nghĩa 의미 | đường 길 | chuyện 일 | 의문사 + vậy 의문사 강조 |
gọi món 음식을 주문하다

4 확인 문제 ✯✯

✎ **다음 빈칸을 알맞게 채우세요.**

❶ 언니/누나는 무엇을 요리하고 있는 중이에요?

Chị đang nấu ăn _____?

❷ 무슨 일 있어요?

Có chuyện _____ vậy?

❸ 언니/누나는 어느 음식을 주문했어요?

Chị đã gọi món _____?

❹ 오빠/형은 어느 나라 사람이에요?

Anh là người nước _____?

🔊 **다음 문장을 베트남어로 말해 보세요.**

> **1**
> 오빠/형은 무슨 일해요?

> **2**
> 이것은 무엇이에요?

> **3**
> 어느 음식이요?

조금만 더
화이팅!!

정답은 p189 ▶

Day 2 누구

▮ 핵심문법 1단계 ✦

★ 의문사 ai는 '누구', '누가'를 의미하며 위치에 따라 해석하는 의미가 달라
져요. 대답할 때 ai 자리에 '사람'을 넣어 답할 수 있어요. 'Ai?'는 '누구?'라
는 의미로 단독적으로도 사용 가능해요.

Ai ＋ 술어?

Ai   đẹp?
누가   예쁜?

A   Ai gặp anh ấy? **누가** 그 오빠/형을 만나요?

B   Chị ấy gặp anh ấy.   그 언니/누나가 그 오빠/형을 만나요.

Anh   yêu   ai?
오빠/형은   사랑하다   누구를?

A   Anh gặp ai?   오빠/형은 **누구**를 만나요?

B   Anh gặp người Việt Nam.   오빠/형은 베트남인을 만나.

yêu 사랑하다

2 핵심문법 2단계 ✦

★ 의문사 ai가 là(동사)와 함께 사용되어 '누가 명사예요?' 혹은 '명사가 누구예요?'라고 물을 수 있어요.

Ai + **là** + **명사?**

Ai   là   nhân viên?
누가   이다   직원?

A   Ai là giáo viên?   **누가** 선생님**이에요?**

B   Chị ấy là giáo viên.   그 언니/누나가 선생님이에요.

A   Ai là người Việt nam?   **누가** 베트남 사람**이에요?**

B   Chị ấy là người Việt Nam.

그 언니/누나가 베트남 사람이에요.

주어 + **là** + **ai?**

Nhân viên   là   ai?
직원은   이다   누구?

A   Giáo viên là ai?   선생님이 **누구예요?**

B   Giáo viên là chị Kim.   선생님은 김 언니/누나예요.

A   Người Việt Nam là ai?   베트남 사람이 **누구예요?**

B   Người Việt Nam là chị Kim.

베트남 사람은 김 언니/누나예요.

3 실생활 문장 익히기

 의문사 '누가', '누구'의 의미를 확인하며 아래 문장을 따라 읽어 보세요.

Ai chơi game? 누가 게임해요?

- -

Ai trả tiền? 누가 돈 내요?

- -

Ai đau? 누가 아파요?

- -

Ai khó chịu? 누가 불쾌해요?

- -

Ai là lái xe? 누가 운전기사예요?

- -

Ai là bác sĩ? 누가 의사예요?

- -

Anh khen ai? 오빠/형은 누구를 칭찬해요?

- -

Em đã đánh ai? 동생은 누구를 때렸어?

- -

Lái xe là ai? 운전기사가 누구예요?

- -

Bác sĩ là ai? 의사가 누구예요?

chơi game 게임하다 | trả tiền 돈 내다 | đau 아픈 | khó chịu 불쾌한 |
lái xe 운전하다, 운전기사 | khen 칭찬하다 | đánh 때리다

✎ 다음 빈칸에 알맞은 말을 쓰세요.

❶ 누가 돈 내요?

_____ trả tiền?

❷ 누가 불쾌해해요?

_____ khó chịu?

❸ 동생은 누구를 때렸어?

Em đã đánh _____?

❹ 운전기사가 누구예요?

Lái xe là _____?

🔊 다음 문장을 베트남어로 말해 보세요.

> **1**
> 누가 예뻐요?

> **2**
> 누가 의사예요?

> **3**
> 오빠/형은 누구를 칭찬해요?

내일도 할꺼징?

정답 189쪽

어디

✏ 핵심문법 1단계 ✶✩

★ 의문사 đâu는 '어디'를 의미하며 ở(~에 있다, ~에서)와 함께 사용하여 위치에 대해 물을 수 있어요. 먼저 ở(~에서)라는 표현부터 살펴봅시다. '어디?'를 의미하는 'đâu?'는 단독 사용 가능해요.

주어	+	동사	+	ở	+	đâu?
Anh		**học**		*ở*		*đâu?*
오빠/형은		공부하다		~에서		어디

Anh chơi *ở đâu?*   오빠/형은 **어디에서** 놀아요?

Anh mua cái này *ở đâu?*   오빠/형은 이것을 **어디에서** 사요?

A Anh sống *ở đâu?*   오빠/형은 **어디에서** 살아요?
B Anh sống ở Việt Nam.   오빠/형은 베트남에서 살아.

A Anh làm việc *ở đâu?*   오빠/형은 **어디에서** 일해요?
B Anh làm việc ở Việt Nam.   오빠/형은 베트남에서 일해.

A Anh xuống *ở đâu?*   오빠/형은 **어디에서** 내려요?
B Anh xuống ở đây.   오빠/형은 여기에서 내려.

xuống 내리다

★ ở의 또 다른 의미인 '~에 있다'도 이어서 살펴봐요!

주어 ✚ **ở** ✚ **đâu?**

Công ty ABC **ở** **đâu?**
ABC회사가 ~에 있다 어디?

Chợ ở đâu? 시장이 **어디에 있어요?**

Siêu thị ở đâu? 마트가 **어디에 있어요?**

Khách sạn ở đâu? 호텔이 **어디에 있어요?**

A Anh ở đâu? 오빠/형은 **어디에 있어요?**

B Anh ở nhà. 오빠/형은 집에 있어.

A Trung tâm tiếng Việt ở đâu?
베트남어 학원이 **어디에 있어요?**

B Ga Gangnam. 강남역이요.

A Phòng tắm ở đâu? 샤워실이 **어디에 있어요?**

B Tầng 2. 2층이요.

chợ 시장 | siêu thị 마트 | khách sạn 호텔 | trung tâm 학원 | phòng tắm 샤워실

3 실생활 문장 익히기 ✶

 의문사 '어디'의 의미를 확인하며 아래 문장을 따라 읽어 보세요.

Anh sẽ đợi ở đâu? 오빠/형은 어디에서 기다릴 거예요?

Anh đã mua nhà ở đâu? 오빠/형은 어디에 집을 샀어요?

Cuối tuần anh sẽ gặp bạn ở đâu?
주말에 오빠/형은 어디에서 친구를 만날 거예요?

Anh thường xem phim ở đâu?
오빠/형은 보통 어디에서 영화를 봐요?

Anh muốn ăn cơm ở đâu?
오빠/형은 어디에서 밥을 먹고 싶어요?

Phòng hút thuốc ở đâu? 흡연실이 어디에 있어요?

Nhà anh ở đâu? 오빠/형 집이 어디에 있어요?

Rạp chiếu phim ở đâu? 영화관이 어디에 있어요?

Nhà hàng ở đâu? 식당이 어디에 있어요?

Đại sứ quán Hàn Quốc ở đâu? 한국 대사관이 어디에 있어요?

phòng hút thuốc 흡연실 | **rạp chiếu phim** 영화관 | **đại sứ quán** 대사관

4 확인 문제 ✶✶

✎ 다음 빈칸을 알맞게 채우세요.

① 오빠/형은 어디에서 기다릴 거예요?

Anh sẽ đợi ở _____?

② 주말에 오빠/형은 어디에서 친구를 만날 거예요?

Cuối tuần anh sẽ gặp bạn ở _____?

③ 흡연실이 어디에 있어요?

Phòng hút thuốc ở _____?

④ 한국 대사관이 어디에 있어요?

Đại sứ quán Hàn Quốc ở _____?

🔊 다음 문장을 베트남어로 말해 보세요.

1
오빠/형은 어디에서
밥을 먹고 싶어요?

2
오빠/형 집이
어디에 있어요?

3
식당이 어디에
있어요?

작심삼일
극뽁!

정답은 p189

의문사에 대해 공부한 당신
이 정도는 말할 수 있다!

상황 1

오빠/형으로 보이는 처음 본 남자에게 이름을 물어볼 때 어떻게 물어볼까요?

➡

___

상황 2

호텔 조식을 먹으려고 하는 당신! 식당을 찾을 수가 없네요. '식당이 어디 있어요?'라고 어떻게 물어볼까요?

➡

___

상황1 : Anh tên là gì?
상황2 : Nhà hàng ở đâu?

작심삼일 시작하면서부터
내 몸에 베트남어의 피가 흐른다.

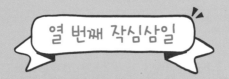

의문사 2

열 번째 작심삼일

의문사 2

베트남에 갔을 때 꼭 한 번쯤은 쓸 법한 필수 표현은 바로 가격을 묻는 '얼마예요?'인데요. 이렇게 수량에 대해 물어볼 때 수량 의문사인 '얼마나 많이'를 활용해야 해요. 마지막 열 번째 작심삼일에서는 지난 시간에 이어 꼭 알아야 할 필수 의문사를 배워보도록 하겠습니다! 마지막 작심삼일 시작해 봐요!

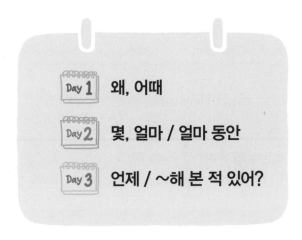

Day 1 왜, 어때

Day 2 몇, 얼마 / 얼마 동안

Day 3 언제 / ~해 본 적 있어?

열 번째 작심삼일

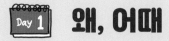

I 핵심문법 1단계 ✶✩

★ 의문사 'tại sao'는 '왜'를 의미하며 문장 맨 앞에 위치하고 'vì sao' 혹은 'sao'로도 표현 가능해요. 대답할 때는 앞서 배운 접속사 vì(~하기 때문에)를 써서 답하면 되겠죠! 'Tại sao'는 '왜요?'라는 의미로 단독 사용 가능해요.

Tại sao	+	주어	+	술어	?
Tại sao		chị		đi	
왜		언니/누나는		가다	

Tại sao em đã vắng mặt? 왜 동생은 결석했어?

A **Tại sao** anh học tiếng Việt?
왜 오빠/형은 베트남어를 공부해요?

B Vì tôi thích Việt Nam. 왜냐하면 베트남을 좋아해서.

A **Tại sao** chị về nhà? 왜 언니/누나는 집에 가요?

B Vì tôi mệt. 왜냐하면 피곤해서.

A **Tại sao** chị ấy uống thuốc? 왜 그 언니/누나는 약 먹어요?

B Vì chị ấy bị cảm. 왜냐하면 감기에 걸려서.

vắng mặt 결석하다 | thuốc 약

2 핵심문법 2단계 ✨

★ 의문사 'thế nào?'는 문장 끝에 위치하며 명사 뒤에 올 경우 '~가 어때요?'라고 상태에 대해 묻고 동사 뒤에 올 경우 '어떻게 ~해요?'라고 방법에 대해 물을 수 있어요.

명사	+	thế nào?
Cái này		thế nào?
이것은		어때요?

A Tiếng Việt thế nào? 베트남어 어때요?

B Tiếng Việt thú vị. 베트남어 재밌어요.

주어	+	동사	+	thế nào?
Anh		đi		thế nào?
오빠/형은		가다		어떻게?

A Phải làm thế nào? 어떻게 해야 해요?

B Anh đọc cái này đi! 오빠/형은 이거 읽으세요!

3 실생활 문장 익히기

 의문사 '왜', '어때', 어떻게'의 의미를 확인하며 아래 문장을 따라 읽어 보세요.

Tại sao anh buồn ngủ? 왜 오빠/형은 졸려요?

- -

Vì sao chị không ngủ? 왜 언니/누나는 안 자요?

- -

Sao em buồn? 왜 동생은 슬프니?

- -

Tại sao anh không mua? 왜 오빠/형은 안 사요?

- -

Người Việt Nam **thế nào?** 베트남 사람은 어때요?

- -

Gia đình của anh **thế nào?** 오빠/형의 가족은 어때요?

- -

Hôm nay chị **thế nào?** 오늘 언니/누나는 어때요?

- -

Chị ấy học tiếng Việt **thế nào?**
그 언니/누나는 베트남어를 어떻게 공부해요?

- -

Em về nhà **thế nào?** 동생은 어떻게 집에 가?

- -

Anh đã viết **thế nào?** 오빠/형은 어떻게 썼어요?

---

buồn ngủ 졸린 | **viết** (글로) 쓰다

4 확인 문제 ✦

✎ **다음 빈칸을 알맞게 채우세요.**

① 왜 오빠/형은 졸려요?

＿＿＿＿＿＿＿ anh buồn ngủ?

② 왜 오빠/형은 안 사요?

＿＿＿＿＿＿＿ anh không mua?

③ 오빠/형의 가족은 어때요?

Gia đình của anh ＿＿＿＿＿＿？

④ 오빠/형은 어떻게 썼어요?

Anh đã viết ＿＿＿＿＿＿？

🔊 **다음 문장을 베트남어로 말해 보세요.**

> **1**
> 왜 동생은 슬프니?

> **2**
> 베트남 사람은 어때요?

> **3**
> 동생은 어떻게 집에 가?

조금만 더 화이팅!!

정답은 p189 ▶

몇, 얼마 / 얼마 동안

핵심문법 1단계 ✨

★ 의문사 mấy는 '몇', bao nhiêu는 '얼마'를 의미하며 명사 앞에 붙어 명
사의 수량에 대해 묻는 수량 의문사예요. mấy는 10보다 수량이 적을 때,
bao nhiêu는 10보다 수량이 많거나 가늠할 수 없을 때 사용해요. bao
nhiêu는 '얼마나 많이?'를 의미하는 표현으로 단독적으로 사용 가능해요.

mấy + 명사 ? = 몇 (명사)?

A Mấy người? 몇 명이요?

B 2 người. 2명이요.

A Mấy cái? 몇 개예요?

B 5 cái. 5개예요.

bao nhiêu + 명사 ? = 얼마 (명사)?

A Bao nhiêu tuổi? 몇 살이에요?

B 34 tuổi. 34살이에요.

A Bao nhiêu tiền? 얼마예요?

B 50.000 đồng. 5만 동이에요.

tuổi 나이

2 핵심문법 2단계 ✨

★ 의문사 bao lâu는 '얼마나 오래'를 의미하며 기간에 대해 묻는 의문사예요. 완료의 의미인 'rồi'와 함께 쓰이면 과거부터 현재까지의 기간을 묻는 '얼마나 됐어요?'를 의미해요. '얼마나 오래?'라는 의미로 단독 사용 가능해요.

주어 +	동사 +	bao lâu +	rồi ?
Anh	**học**	bao lâu	rồi
오빠/형은	공부하다	얼마나	되다

A   Anh làm bao lâu rồi?   오빠/형은 일한 **지 얼마나 됐어요?**

B   Anh làm 2 năm rồi.   오빠/형은 일한 지 2년 됐어.

- -

★ 의문사 bao lâu가 미래 시제 'sẽ'와 함께 쓰이면 미래에 일어나는 일의 기간에 대해 묻는 표현인데 '얼마나 할 거예요?'를 의미해요. 맨뒤에 nữa(더)가 쓰일 수 있어요.

주어 +	sẽ +	동사 +	bao lâu (+	nữa) ?
Anh	**sẽ**	**học**	bao lâu	**nữa**
오빠/형은	~할 것이다	공부하다	얼마나	더

A   Anh sẽ làm bao lâu (nữa)?
   오빠/형은 **얼마나** (더) 일할 **거예요?**

B   Anh sẽ làm 2 năm.
   오빠/형은 2년 일할 거야.

> 기간을 나타낼 때
> • • • • • • • • • • • • • • • • • • •
> ✓ 숫자 + ngày(~일)
> ✓ 숫자 + tuần (~주)
> ✓ 숫자 + tháng(~개월)
> ✓ 숫자 + năm (~년)으로 나타내요.

3 실생활 문장 익히기 ✦

의문사 '몇', '얼마', '얼마나 오래'의 의미를 확인하며 아래 문장을 따라 읽어 보세요.

Bây giờ là **mấy giờ?** 지금은 몇 시예요?

Chị cần **mấy cái?** 언니/누나는 몇 개가 필요해요?

Gia đình của em có **mấy người?**
동생의 가족은 몇 명이야?

Năm nay anh **bao nhiêu tuổi?** 올해 오빠/형은 몇 살이에요?

Cái này **bao nhiêu tiền?** 이거 얼마예요?

Anh kết hôn **bao lâu rồi?** 오빠/형은 결혼한 지 얼마나 됐어요?

Em ăn chay **bao lâu rồi?** 동생은 채식한 지 얼마나 됐어?

Chị chơi gôn **bao lâu rồi?**
언니/누나는 골프 친 지 얼마나 됐어요?

Em sẽ ăn chay **bao lâu?** 동생은 얼마나 오래 채식할 거야?

Chị sẽ chơi gôn **bao lâu?**
언니/누나는 얼마나 오래 골프 칠 거예요?

bây giờ 지금 | cần 필요하다 | năm nay 올해 | ăn chay 채식하다

4 확인 문제 ✦✧

✎ **다음 빈칸에 알맞은 말을 쓰세요.**

① 지금은 몇 시예요?

Bây giờ là _____ giờ?

② 올해 오빠/형은 몇 살이에요?

Năm nay anh _____ tuổi?

③ 오빠/형은 결혼한 지 얼마나 됐어요?

Anh kết hôn _____ rồi?

④ 동생은 얼마나 오래 채식할 거야?

Em sẽ ăn chay _____?

🔊 **다음 문장을 베트남어로 말해 보세요.**

> **1**
> 동생의 가족은
> 몇 명이 있어?

> **2**
> 얼마예요?

> **3**
> 언니/누나는 골프
> 친 지 얼마나 됐어요?

내일도
할거징?

정답 189쪽

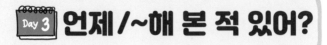

Day 3 언제 /~해 본 적 있어?

핵심문법 1단계

★ 의문사 bao giờ와 khi nào는 '언제'를 의미하며 문장 앞에 위치하면 '언제 ~할 거예요?'의 의미로 미래에 대해 묻는 표현이 돼요. '언제?'를 의미하는 표현으로 단독 사용 가능해요.

Bao giờ/Khi nào + 주어 + 동사 ?

Bao giờ   **anh**   **học**

언제 ~할 것이다   오빠/형은   공부하다

A   Bao giờ anh làm việc?   **언제 오빠/형은 일할 거예요?**

B   Năm sau.   내년에.

- -

★ 의문사 bao giờ와 khi nào는 문장 뒤에 위치하면 '언제 ~했어요?'를 의미하며 과거에 대해 묻는 표현이에요.

주어 + 동사 + **bao giờ/khi nào?**

Anh   **học**   bao giờ

오빠/형은   공부하다   언제 ~했다

A   Anh làm việc bao giờ?   **언제 오빠/형은 일했어요?**

B   Năm trước.   작년에.

2 핵심문법 2단계 ✨

★ 과거 시제 문장 끝에 bao giờ(언제)와 완료 여부에 대해 묻는 chưa(~했어?)가 결합되면 '~해 본 적 있어요?'라는 의미의 과거의 경험에 대해 묻는 표현이 돼요.

주어 +	đã +	동사 +	bao giờ chưa?
Anh	đã	**đi Việt Nam**	bao giờ chưa
오빠/형은	했다	베트남에 가다	~해 본 적 있어요?

Chị đã nhảy bao giờ chưa?
언니/누나는 춤춰 본 적 있어요?

Em đã ăn Kimchi bao giờ chưa?
동생은 김치를 먹어 본 적 있어?

- -

★ 과거 경험에 대해 묻는 질문에 대해 답하는 방법은 크게 2가지가 있어요.

주어 +	đã +	동사 +	rồi
Anh	đã	**đi Việt Nam**	rồi
오빠/형은	~했다	베트남에 가다	(완료)

주어 +	chưa bao giờ +	동사
Anh	chưa bao giờ	**đi Việt Nam**
오빠/형은	아직 ~한 적이 없다	베트남에 가다

> **Tip** 단답 시
> ✓ 경험이 있을 때: 'Rồi'
> ✓ 경험이 없을 때: 'Chưa'

3 실생활 문장 익히기 ✶✶

의문사 '언제', '~해 본 적 있어?'의 의미를 확인하며 아래 문장을 따라 읽어 보세요.

Bao giờ anh bắt đầu đi? 언제 오빠/형은 출발할 거예요?

Bao giờ chị giúp tôi? 언제 언니/누나는 나를 도와줄 거예요?

Khi nào em làm bài tập? 언제 동생은 숙제할 거야?

Anh đến **bao giờ?** 언제 오빠/형은 도착했어요?

Chị về nước **bao giờ?** 언제 언니/누나는 귀국했어요?

Em thức dậy **khi nào?** 언제 동생은 일어났어?

Anh đã đi Việt Nam **bao giờ chưa?**
오빠/형은 베트남에 가 본 적 있어요?

Chị đã ăn Kimchi **bao giờ chưa?**
언니/누나는 김치를 먹어 본 적 있어요?

Em đã nhảy ở nhà **bao giờ chưa?**
동생은 집에서 춤춰 본 적 있어?

Anh đã uống cà phê Việt Nam **bao giờ chưa?**
오빠/형은 베트남 커피를 마셔 본 적 있어요?

---

bắt đầu đi 출발하다 | giúp 돕다 | làm bài tập 숙제하다 | về nước 귀국하다

4 확인 문제 ✦✦

✎ **다음 빈칸을 알맞게 채우세요.**

① 언제 오빠/형은 출발할 거예요?

_____ anh bắt đầu đi?

② 언제 동생은 숙제할 거야?

_____ em làm bài tập?

③ 언제 동생은 일어났어?

Em thức dậy _____?

④ 동생은 집에서 춤춰 본 적 있어?

Em _____ nhảy ở nhà _____?

🔊 **다음 문장을 베트남어로 말해 보세요.**

1

언제 언니/누나는
나를 도와줄 거예요?

2

언제 오빠/형은
도착했어요?

3

오빠/형은 베트남에
가 본 적 있어요?

작심삼일
극뽁!

정답은 p189

의문사2에 대해 공부한 당신
이 정도는 말할 수 있다!

상황 1

없는 거 빼고 다 있는 베트남 시장에 간 당신! 맘에 드는 물건을 발견했습니다. '얼마예요?'라고 어떻게 물어볼 수 있을까요?

➡

상황 2

여행지로 가던 중 휴게소에 정차한 버스! 화장실로 가기 전, 기사님께 '언제 출발할 거예요?'라고 어떻게 물어볼 수 있을까요?

➡

상황1 : Bao nhiêu tiền?
상황2 : Bao giờ bắt đầu đi?

하기 싫어 죽을뻔 했는데
안 죽고 해냈다.
사람 그렇게 쉽게 안 죽더라?

✩ 상황별 주요 인사 ✩

★ 처음 만났을 때

- 안녕하세요.
  - ➡ 초면일 때 **Xin chào** + 상대방
  - ➡ 친밀한 사이일 때 나 + **chào** + 상대방

  예 오빠, 형뻘에게 인사할 때: Xin chào anh. / (Em) chào anh.
  언니, 누나뻘에게 인사할 때: Xin chào chị. / (Em) chào chị.
  동생뻘에게 인사할 때: Chào em. / (Anh/Chị) chào em.

- 만나서 반가워요.
  Rất vui được gặp + 상대방

★ 오랜만에 만났을 때

- 오랜만이에요. ➡ **Lâu quá không gặp** + 상대방
- 잘 지내요? ➡ 상대방 + **khỏe** + **không?**
- 잘 지내요. ➡ **Tôi khỏe.**
- 그럭저럭이요. ➡ **Tôi bình thường.**
- 잘 못 지내요. ➡ **Tôi không khỏe.**

★ 헤어질 때

- 안녕히 가세요. / 안녕히 계세요. / 잘 가요.

  ⇒ **(Xin) chào** + 상대방

  ⇒ **(Xin) tạm biệt** + 상대방

- 조만간 또 만나요.

  ⇒ **Hẹn sớm gặp lại** + 상대방

★ 감사할 때

- 감사해요. ⇒ **Xin cảm ơn** + 상대방
- 천만에요. ⇒ **Không có gì** + 상대방

★ 사과할 때

- 죄송합니다. ⇒ **Xin lỗi** + 상대방
- 괜찮아요. ⇒ **Không sao** + 상대방

✧ 일정을 나타내는 표현 ✧

hôm kia	hôm qua	hôm nay	ngày mai	ngày kia
그저께	어제	오늘	내일	모레

tuần trước	tuần này	tuần sau
지난주	이번 주	다음 주

tháng trước	tháng này	tháng sau
지난달	이번 달	다음 달

năm trước (= năm ngoái)	năm nay	năm sau (= sang năm)
작년	올해	내년

작심삼일
극복!

✦ 베트남어 필수 동사 ✦

thức dậy	일어나다	trả lời	대답하다
rửa	씻다	nghỉ	쉬다
gội đầu	머리 감다	nghe	듣다
ăn	먹다	uống	마시다
trang điểm	화장하다	nhắn tin	문자 보내다
nhìn / thấy / xem	보다	kết thúc	종료하다 (=xong)
chọn	고르다	đi nhậu	술 마시러 가다
đội	(모자) 쓰다	nhảy	춤추다
mang	(신발) 신다	sống	살다
đi làm	일하러 가다	hiểu	이해하다
lên	오르다	thích	좋아하다
đến	도착하다	mở	열다
bắt đầu	시작하다	đợi	기다리다 (=chờ)
gửi	보내다	đi bộ	걷다

nằm	눕다	nói	말하다
đứng	서다	chơi	놀다
tắm	샤워하다	gọi điện thoại	전화 걸다
nấu ăn	요리하다	sử dụng	사용하다
chuẩn bị	준비하다	về nhà	집에 가다, 집에 오다
ngồi	앉다	hát	노래하다
ngắm	감상하다	đi dạo	산책하다
mặc	입다	biết	알다
đeo	(액세서리) 차다	nói chuyện với~	~와 이야기 하다
ra khỏi	~를 떠나다	làm quen với~	~와 사귀다
đi học	공부하러 가다	đóng	닫다
xuống	내리다	lái xe	운전하다
vào	들어가다	nghĩ	생각하다
kiểm tra	확인하다	ngủ	자다
hỏi	묻다		
tìm	찾다		

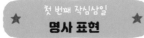

Day 1 명사 어순

✎ ① 2 cái

② nhà hàng Nhật Bản

③ quốc tịch của anh

④ của bạn trai

🔊 ① 1 cái

② phở Việt Nam

③ tên của tôi

Day 2 명사 = 명사

✎ ① là

② là

③ không phải là

④ phải không

🔊 ① Tôi là người Hàn Quốc.

② Tôi không phải là người Việt Nam.

③ Chị là Lan phải không?

Day 3 명사의 존재 표현

✎ ① có

② không có

③ Ngoài

④ Trước

🔊 ① Tôi có bạn gái.

② Anh ấy không có nhà.

③ Gần đây có công viên.

Day 1 명사 수식

✎ ① nhà hàng lớn

② giày đẹp

③ áo dài trắng

④ xe máy đỏ

🔊 ① con gái đẹp

② quyển sách tốt

③ nhà trắng

Day 2 지시/수량 형용사

✎ ① này

② Đó

③ nhiều

④ đủ

🔊 ① đằng kia

② Kia là bố của tôi.

③ thiếu giáo viên

Day 3 술어 역할

✎ ① không

② không

③ không

④ thân thiện

🔊 ① Tôi buồn.

② Cà phê đó không đắng.

③ Anh khỏe không?

세 번째 작심삼일
동사 문형

Day 1 긍정문

✎ ① Tôi thức dậy.
　② Tôi học tiếng Việt.
　③ Tôi xem tivi rồi.
　④ Tôi ăn cơm rồi.

🔊 ① Tôi ngủ.
　② Tôi xem tivi.
　③ Chị kết hôn rồi.

Day 2 부정문

✎ ① không
　② không
　③ chưa
　④ chưa

🔊 ① Tôi không xem phim.
　② Tôi chưa ăn cơm.
　③ Chị chưa kết hôn.

Day 3 의문문

✎ ① không
　② không
　③ chưa
　④ chưa

🔊 ① Anh học không?
　② Anh mua không?
　③ Chị xem phim chưa?

네 번째 작심삼일
시제

Day 1 과거 시제

✎ ① đã
　② đã
　③ mới/vừa/vừa mới
　④ mới/vừa/vừa mới

🔊 ① Tôi đã gặp bạn.
　② Tôi vừa hỏi (rồi). / Tôi mới hỏi (rồi). / Tôi vừa mới hỏi (rồi).
　③ Tôi vừa chia tay (rồi). / Tôi mới chia tay (rồi). / Tôi vừa mới chia tay (rồi).

Day 2 현재 진행 시제

✎ ① đang　② đang
　③ đã và đang　④ đã và đang

🔊 ① Chị ấy đang đọc báo.
　② Tôi đã và đang bơi.
　③ Tôi đang nghĩ.

Day 3 미래 시제

✎ ① sắp　② sắp
　③ sẽ　④ định

🔊 ① Bạn tôi sắp kết hôn.
　② Em trai tôi sẽ kết hôn.
　③ Con gái tôi định kết hôn.

다섯 번째 작심삼일
조동사

Day 1 바람

✎
1. muốn
2. không muốn
3. muốn, không
4. muốn, không

🔊
1. Tôi muốn tập thể dục.
2. Tôi không muốn tập thể dục.
3. Anh muốn tập thể dục không?

Day 2 의무

✎
1. phải
2. phải
3. nên
4. không nên

🔊
1. Tôi phải học tiếng Việt.
2. Tôi nên chuẩn bị.
3. Em không nên ngủ.

Day 3 가능

✎
1. được
2. không(thể), được
3. được không
4. được không

🔊
1. Tôi có thể nói tiếng Việt được. / Tôi có thể nói tiếng Việt. / Tôi nói tiếng Việt được. / Tôi nói được tiếng Việt.

2. Tôi không thể nói tiếng Việt được. / Tôi không thể nói tiếng Việt. / Tôi không nói tiếng Việt được. / Tôi không nói được tiếng Việt.

3. Chị có thể nói tiếng Việt được không? / Chị có thể nói tiếng Việt không? / Chị nói tiếng Việt được không? / Chị nói được tiếng Việt không?

여섯 번째 작심삼일
전치사

Day 1 장소

✎
1. ở
2. ở
3. tại
4. Từ, đến

🔊
1. Tôi sống ở Việt Nam.
2. Tôi đi bộ đến chợ.
3. Từ đây đến nhà tôi xa.

Day 2 시간

✎
1. lúc
2. lúc
3. vào
4. vào

🔊
1. Tôi thức dậy lúc 7 giờ sáng.
2. Chúng tôi sẽ đến vào ngày 9 tháng 12.
3. Trời sẽ mưa vào thứ năm.

📝 Day 3 │ 여러 가지 전치사

✎ ❶ với ❷ cho
❸ về ❹ bằng

🔊 ❶ Tôi nói chuyện với bạn.
❷ Tôi gửi thư cho anh.
❸ Tôi đi học bằng xe máy.

📝 Day 3 │ 조사

✎ ❶ mà ❷ chứ
❸ nhé ❹ đi

🔊 ❶ Tiếng Việt dễ chứ.
❷ Cái này đẹp nhỉ?
❸ Tôi biết rồi mà.

★ 일곱 번째 작심삼일 ★
접속사, 조사

📝 Day 1 │ 순접/인과 접속사

✎ ❶ và ❷ hoặc/hay
❸ vì ❹ nên

🔊 ❶ Tôi sẽ học tiếng Việt và tiếng Anh.
❷ Tôi xem phim hoặc nghe nhạc.
❸ Tiếng Việt thú vị nên tôi học.

📝 Day 2 │ 역접 접속사

✎ ❶ nhưng
❷ nhưng
❸ tuy, nhưng
❹ dù, nhưng

🔊 ❶ Tôi muốn đi du lịch nhưng không có tiền.
❷ Cái này tốt nhưng mà đắt.
❸ Mặc dù mệt nhưng tôi sẽ cố gắng.

★ 여덟 번째 작심삼일 ★
부사

📝 Day 1 │ 형용사 강조

✎ ❶ rất ❷ lắm
❸ khá ❹ hơi

🔊 ❶ Tôi rất bận.
❷ Nhà này lớn quá!
❸ Cái này hơi đắt!

📝 Day 2 │ 비교급

✎ ❶ bằng ❷ hơn
❸ nhất ❹ nhất ở

🔊 ❶ Cái này nhỏ bằng cái kia.
❷ Cái này nhỏ hơn cái kia.
❸ Cái này nhỏ nhất.

📝 Day 3 │ 빈도 부사

✎ ❶ luôn luôn ❷ thường
❸ thinh thoảng
❹ không bao giờ

1 Tôi luôn luôn học tiếng Việt.

2 Tôi thỉnh thoảng học tiếng Việt.

3 Anh hay học tiếng Việt không?

아홉 번째 작심삼일
의문사 1

Day 1 **무엇, 어느**

1 gì **2** gì

3 nào **4** nào

1 Anh làm gì?

2 Cái này là gì?

3 Món nào?

Day 2 **누구**

1 Ai **2** Ai

3 ai **4** ai

1 Ai đẹp? **2** Ai là bác sĩ?

3 Anh khen ai?

Day 3 **어디**

1 đâu **2** đâu

3 đâu **4** đâu

1 Anh muốn ăn cơm ở đâu?

2 Nhà anh ở đâu?

3 Nhà hàng ở đâu?

열 번째 작심삼일
의문사 2

Day 1 **왜, 어때**

1 Tại sao **2** Tại sao

3 thế nào **4** thế nào

1 Sao em buồn?

2 Người Việt Nam thế nào?

3 Em về nhà thế nào?

Day 2 **몇, 얼마 / 얼마 동안**

1 mấy **2** bao nhiêu

3 bao lâu **4** bao lâu

1 Gia đình của em có mấy người?

2 Bao nhiêu tiền?

3 Chị chơi gôn bao lâu rồi?

Day 3 **언제 / ~해 본 적 있어?**

1 Bao giờ/Khi nào

2 Bao giờ/Khi nào

3 bao giờ/khi nào

4 đã, bao giờ chưa

1 Bao giờ chị giúp tôi?

2 Anh đến bao giờ?

3 Anh đã đi Việt Nam bao giờ chưa?

일러스트 뽕작가 ★

국민대학교 디자인대학원에서 석사 과정을 마쳤으며
현재 브랜드 콜라보, 디지털아이템, 전시, 출판 등
다양한 작품 활동과 강의를 하고 있습니다.

인스타그램 @321bboom
https://blog.naver.com/rem_ey

작심**3**일 **10**번으로 **베트남어** 끝내기

초판인쇄	2020년 1월 10일
초판발행	2020년 1월 20일
저자	김효정
책임편집	김효은, 권이준, 양승주
펴낸이	엄태상
디자인	권진희
조판	이서영
콘텐츠 제작	김선웅
마케팅	이승욱, 오원택, 전한나, 왕성석
온라인마케팅	김마선, 김제이, 조인선
경영기획	마정인, 조성근, 최성훈, 정다운, 김다미, 전태준, 오희연
물류	유종선, 정종진, 윤덕현, 양희은, 신승진
펴낸곳	랭기지플러스
주소	서울시 종로구 자하문로 300 시사빌딩
주문 및 교재문의	1588-1582
팩스	(02)3671-0500
홈페이지	http://www.sisabooks.com
이메일	book_etc@sisadream.com
등록일자	2000년 8월 17일
등록번호	제1-2718호

ISBN 978-89-5518-633-8(13730)

상 장

작심완성 상   이름 : _____

위 사람은 매번 실패하는 사람들의
모범이 되어 작심삼일을 열 번이나
해냈으므로 이 상장을 수여합니다.

년 월 일
랭기지플러스

작심3일 10번의 여정을 마친 스스로를 아낌없이 칭찬하세요!
점선을 따라 오려 나에게 상장을 수여해 보세요.